Arbeiten von und mit
Anke Rammé Firlefanz

Körpermalerei & Ritual

Ein Praxisbuch

Arun

Titelseite
Fotografie: Peter Schreiner, 1994
Bemalung: Anke Rammé Firlefanz, Tiora Kaiser
Model: Tiora, Sextener Dolomiten

Die Deutsche Bibliothek - CIP-Einheitsaufnahme

Rammé Firlefanz, Anke:
Körpermalerei & Ritual : ein Praxisbuch / Anke Rammé
Firlefanz. - Engerda : Arun, 2001
    ISBN 3-927940-42-9

Copyright © 2001 by Arun-Verlag.
Arun-Verlag, Ortsstr. 28, D-07407 Engerda,
Tel.: 036743-23311, Fax: 036743-23317,
email: info@arun-verlag.de, Internet: www.arun-verlag.de.
Gesamtherstellung: Satz & Druck, Saalfeld.

ISBN 3-927940-42-9

Inhaltsverzeichnis

... dieses buch widme ich meinen eltern
Dagmar Kuklamu Ramme
und Rudolf Wotan Ramme,
in dankbarkeit und liebe ...

6

Vorwort

Als ich Anke Firlefanz kennenlernte, faszinierte mich, wie sehr ihre Arbeit, ihre Kunst im Alltag verwurzelt und eingebettet war. Überall sind Fundstücke, Steine, Altäre, sehe ich einen freudvollen Tanz im Supermarkt, witzige Alltagsmagie, ein Sich-Einlassen-Können auf Begegnungen, Orte, Botschaften.

Kunst- und Lebensform miteinander zu verweben und das weiterzugeben, ist ihre besondere Qualität.

Es ist, als ob etwas längst verloren geglaubtes wieder auftaucht, ein altes sich erinnern, ein Stück heil werden. Gerade in der Verbindung von Körpermalerei und Natur spiegelt sich auf wunderbare Weise unsere Seele in ihrer ganzen Weite. Das Wissen um unsere Wandlungsmöglichkeiten und der Mut, alle Aspekte zu leben und zu zeigen, kann wachsen.

Vielleicht läßt uns das Bemalen unseres Körpers die Haut bewußter als letzte Verbindungsschicht zwischen uns und der äußeren Welt wahrnehmen, ihre Aufnahmefähigkeit, ihr Schützen, ihre Sensibilität.

Und so soll die Bemalung des Körpers - uralter Teil von Ritualen - hier als das verstanden werden, was sie einmal war: magischer Akt! Wir können Verwandlungsmöglichkeiten erkennen und sie durch Bemalung manifest machen, unseren inneren Bildern Gestalt geben und so eine Möglichkeit auftun, den Zugang zum rituellen Erlebnis wiederzufinden.

Die Beschreibungen und Bilder mögen dazu anregen, spielerisch und lustvoll diese Möglichkeit für sich zu entdecken, sich alles zu erlauben, jenseits von künstlerischen Beurteilungen den eigenen Gestaltungsraum zu vergrößern, die Schöpferinnenkraft zu entfalten.

Cambra Skadé

... anke malt tiora das gesichtsmuster ...

Vogelgöttin: Tiora in den Tauern

Tauerngebirge, Österreich

Von der Berghütte aus, zu der wir schon am Tag vorher aufgestiegen waren, machen wir uns auf den Weg die Schlucht hinauf, dick bepackt mit Rucksäcken voller Farben und Pigmente, Räucherwerk und Federn.

War unterhalb der Hütte ein plätschernder Fluß gewesen, im hügeligen Grün der Wiesen, an denen die Kühe Alpenkräuter zupften, so ändert sich die Landschaft schlagartig bergaufwärts. Im Wald riecht es würzig und kühl, der Weg windet sich bald als schmaler Trittpfad in Mäandern an den Graten einer Schlucht entlang. Lange steigen wir aufwärts. Hier waren die Säumer auf alten Pfaden über den Paß geritten, mutige Männer mit ebenso mutigen, ausgebildeten Pferden, die Handelsware in Fässern, auf die Rücken der Pferde gebunden, unter Lebensgefahr auf dem Weg nach Süden und zurück brachten, trotz Eisspalten, Schneesturm und abschüssigen Kletterpfaden ...

Zwischen den hohen Tannen und Fichten klettern wir, von den Wurzeln gehalten, zu einem seitlich gelegenen Geröllfeld. Die großen Brocken lassen ahnen, mit welcher Gewalt hier eine Steinlawine niedergehen mochte ...

Wir sind schon fast an der Baumgrenze. Jetzt öffnet sich das Geröllfeld zu einer Senke am Fuße eines riesigen Wasserfalls.

Das Wasser stürzt sich mit gewaltiger Kraft schäumend und tosend den Felsen hinunter, ein, zwei riesige Gesteinsstufen und dann in einem großen, majestätischen schäumenden Bogen zu der Senke, an der wir stehen, und weiter und weiter hinunter ... Über der Gischt hängt ein flimmernder Regenbogen. Die gewaltigen Brocken der Geröllawine waren vom

Fluß wie Murmeln schluchtabwärts geschleudert worden und rechts und links am Ufer liegengeblieben.

Dort in der Senke unter dem Regenbogen schlagen wir unser provisorisches Lager auf.

Ein Schutzkreis, eine Räucherung, ein Feuer im Schutz eines Geröllbrockens.

Der Proviant stillt den Hunger. Brot, Äpfel, Käse, Wein, existentielle Nahrung: Ich fühle mich, als *esse* ich meine Umgebung, nehme sie mit sinnlicher Freude in mich auf.

Die Luft: ganz eigen in den Bergen. Klar und rein füllt sie meine Lungen, wie ein Schluck des eiskalten Wasserfalls. Und neben dem Tosen der Wasser eine friedvolle Stille, ein Atmen der Steine, dann Rauschen vom Wind, der den hohen Wipfeln sanft über die Baumspitzen streichelt.

Dann: die Farben. Jede begrüßt mit Freude, Symbol des Regenbogens und unser Reisegefährt für die nächsten Stunden.

In Plastikflaschen aufgereiht stellen wir sie vor uns auf, und wir wählen unsere Farben. Ich nehme Blau und Grün, Tiora wählt Schwarz und Weiß.

Zwischen großen Steinbrocken mit Moosen und Flechten schlüpfe ich in meine Farbhaut ...

In eine Schüssel vor mir lasse ich das Blau laufen.

Wasche meine Hände in blauer flüssiger Farbe, tauche bis über die Ellenbogen meine Arme in WasserenergieBlau ... Meine Hände streichen an meine Hüften, Beine und meine Oberarme bis zu den Schultern und hinterlassen überall farbige Haut. Für meinen Bauch nehme ich das Grün, und beim intensiven Streicheln verbindet sich das kalte tiefe Blau mit dem sanften Grün; Türkis ist nun meine Mitte. Auch den Rücken bemale ich mit meinen Händen: Ein kleiner Spiegel, den ich in die Felsen geklemmt habe, zeigt mir die noch freien Stellen. Ein Blick hinüber zu Tiora: sie hat inzwischen weiße lange Beine, bis über die Hüften. Sie hat an den Füßen begonnen und streichelt mit ihren Händen von unten nach oben, berührt ihre Mitte, ihren Bauch, von da aus ihre Brüste, Hals und Gesicht. Auch sie dreht sich und wendet sich, ein schlängelnder Tanz, um mit ihren Händen alle Stellen ihres Körpers auf der Rückseite zu erreichen.

Sie mutet an wie der neblige Hauch des eiskalten Wasserfalls neben uns. Frau, geboren, herausgetanzt aus den schäumenden Wassern ...

Ich hole mir aus dem Regenbogenkreis der Farben das Gelb, das ich auf Gesicht und Füße verteile. Gelbe Spritzer fallen auf die Flechten am Stein, wie kleine explodierende Blüten, und ich fühle mich geerdet.

Mama Erde's Fadenstrahl durch meine Füße, Beine, Bauch bis nach oben an meine nun gelbe Stirn und weiter bis durch das Scheitelchakra als unsichtbarer Strahl nach oben zu Vater Himmel.

Auch Tiora verwandelt sich. Sie rührt mit ihren Fingern in der schwarzen Farbdose, dann betupft sie ihre Beine. Schicht für Schicht, die Fingerkuppen hinterlassen Federtupfen auf ihrem Körper, bis sie ganz und gar mit Flaum und Federfarbe bedeckt ist.

Ihr Federkleid ein minutenschneller Fingerzauber ...

Als ich sie um ein bißchen Weiß bitte, springt sie zu mir hinüber. Ich lege mich auf den Boden zwischen den Steinen und über mir steht Tiora, lacht, und schüttelt ihren weißen Pinsel. Wie Wassergischt spritzen Tropfen über mich, berühren Schenkel, Bauch und Busen. Ich öffne die Augen und lache auch: Nun sind wir beide eingetaucht.

Zusammen holen wir die Flügel aus dem Gepäck.

... ihr federkleid ein minutenschneller fingerzauber ...

13

... noch unbeholfen bewegend, gleichgewichtsuchend ...

Einst flog ein Storch in Portugal in eine Stromleitung, und sterbend fand ihn Wolfi, ein Freund von mir. Damals bat er ihn um seine Flügel und der Storch gewährte ihm die Bitte, nachdem er ihn begraben und seine unsterbliche Seele mit dem Licht vereinigt hatte. Mit Bändern versehen schenkte er sie mir zur Sommersonnenwende mit einem Buch: *Mond, Tanz, Magie* von Luisa Francia. Sie war die erste, deren Worte und Geschichten sofort die uralte Weibermagie in mir berührte und dem Gefühl Ausdruck und Erklärung gab.

Ich erinnerte mich ...

Seit damals weiß ich, *warum* ich seit Jahren mit Körpermalerei nach draußen ging. Was zuvor ungenannt war, bekam Worte und Bestätigung, eine Antwort auf mein tiefes Sehnen in meinem Herz und Bauch, meine spirituelle Seite mit der "zivilisierten" Realität zu verbinden. Wolfi's Geschenk und der Tanz an diesem Sonnenwend war ein starker Zauber.

Seit damals trug ich diese Flügel bei mir, zurück in Deutschland tanzte ich den Phoenix nach einer Fehlgeburt in Portugal.

Nun helfe ich Tiora, die schwarz-weißen Flügel anzulegen.

Ich trete zurück. Tiora kauert zwischen den Steinen, die Arme mit den Flügeln um sich gelegt. In der Hocke sieht sie aus wie ein riesiges Ei.

Nicht Mensch, nicht Tier, sondern Frau zwischen den Welten.

Dann langsam richtet sie sich auf, die Flügeln noch unbeholfen bewegend, gleichgewichtsuchend ...

Die Spannweite ihrer Arme mit den angeschnallten Flügeln mißt an die vier Meter, so kommt es mir vor.

Als sie sicherer wird, spüre sogar ich den starken Luftstrom, den sie beim Flügelschlagen erzeugt.

Ob sie gleich abhebt?, frage ich mich gerade, als sie von ihrem Standort die Geröllhalde herunterspringt, in die Senke und zum Wasserfall hin.

... trancegleich, schwebend in ihrer mitte ...

Eine Felsnadel, die drei Meter hoch vor dem Wasserfall aufragt, und uns in der Senke vor Gischt schützt, klettert Tiora mitsamt ihren Flügeln hoch.

Unglaublich, daß sie nicht abrutscht: Der Fels ist feucht, Moose machen ihn noch rutschiger, doch ehe ich mich versehe, steht sie obenauf.

Den Blick über die Wasserfallschlucht, fängt sie an sich zu bewegen, sie tanzt und entfaltet ihre Flügel. Und zusammen mit dem Rhythmus der Wasser, dem Regenbogen des Lichts, mit den Füßen auf der Erde und dem Feuer ihres Herzens wiegt sie ihren Körper, ihre singende Seele dort oben, mitten im Wasserfall, trancegleich, schwebend in ihrer Mitte. Kurz bevor sie abhebt, über die Schlucht fliegt und auf der anderen Seite sanft landet, rufe ich sie leise ...

Tiora, Vogelgöttin ...

Und trotz ihrer tiefen Trance kehrt sie zurück - und klettert wieder den Felsen hinab, nicht ohne Dankbarkeit an Mutter Erde und der Energie dieses nie versiegenden Wasserfallrauschens, des Gefühls allumströmender Liebe in uns und um uns herum ...

Später erfahren wir, daß der alte Volksname des Großglockners (einem Berggipfel in den Tauern), der nicht weit von unserem Wasserfall befindet, "Vogelgöttin" lautet, aber es verwundert mich nicht wirklich ...

Was immer an diesem Tag an Kraft der Umgebung sich mit Tiora's eigener Kraft verband, war so unglaublich sanft, stark und schön, daß ich sie noch Monate später in meinen Träumen sah, kurz bevor sie abhebt und sicher und sanft auf der anderen Seite landet und mir zuzwinkert:

Sieh nur, es ist alles möglich, wenn Du nur an Deine Kraft und Stärke glaubst!

... tiora, vogelgöttin ...

19

... in onekaka bin ich mit einem delphin geschwommen ...

Hiahia Paua: Heike Dolphina Sandwitch

Heilpädagogin, Photographin, Delphinfreundin

Ich traf Heike in Aotearoa, Neuseeland, als ich mit Nashi, meiner Tochter, in unserem buntbemalten Bus dort herumreiste und Treibholz und Eindrücke sammelte.

Heike war, lachend und wunderbar in lila und violetten Tönen gekleidet, mir sofort aufgefallen. Ihre Art zu gehen, die Fotokameratasche umgehängt und ihr wacher Blick umherstreifend, den Menschen in Augen und Herzen blickend ...

Wir beschlossen zusammen weiterzufahren und Aotearoa zu erkunden.

Und so fuhren wir alle südwärts, schliefen unterwegs im Bett, das in meinem Bus eingebaut war, am Strand oder unter Bäumen am Ufer eines Flusses. Weiter südwärts bis nach Wellington, Hafenstadt an der Meeresschneise, die Nord- & Südinsel von Neuseeland trennt.

Dort kannte Heike eine Bucht, wo wir essen konnten und am Strand entlangwandernd PAUA-Muscheln fanden, – wunderschöne handtellergroße Ohrmuscheln, deren perlmuttfarbige Innenseiten bläulich irisierend schimmern –, bevor wir die Fähre erreichten, die uns auf die Südinsel brachte.

Wir fuhren an der Küste westwärts entlang, und passierten verzauberte wilde Landschaften im Milford Sound.

Ein Straßenschild wies einen Weg zu einer Bucht: Cable Bay ...

"Lass uns hinfahren", bat Heike. Nashi und ich hatten auch Lust Rast zu machen. "In Onekaka, Golden Bay bin ich mit einem Delphin geschwommen", erzählte sie uns und wir staunten. "Ich habe von Freunden gehört, das hier in Cable Bay in der letzten Woche Delphine waren. Vielleicht sind sie noch dort und ich kann sie Euch zeigen ..."

Natürlich wußte ich, daß es hier in Neuseeland Delphine gab, aber daß sie so zutraulich wären?

Doch Heike erzählte mir von ihrer Sensibilität, von den Schwingungen, die in Neuseeland wie verstärkt wahrzunehmen sind, von Liebe und Hingabe der Erde, der Wasser und der Tiere und Menschen hier ...

Der Delphin war im Meer zu Heike gekommen, als sie in Onekaka, Golden Bay badete, und bei dieser unmittelbaren Berührung, indem der Delphin mit ausdrucksvoller Körpersprache und Lauten sie zum Spielen und Schwimmen einlud, spüre ich plötzlich, *da* haben sich ihre Seelen berührt.

An der Bucht angekommen, springt Nashi gleich aus dem Auto und hüpft davon. Endlich eine längere Rast.

Große und kleine Steine, dazwischen heller feiner Sand, warm und einladend liegen am Ufer. Das Wasser schimmert türkisblau und schäumt ein wenig, denn es geht leichter Wind. Leider keine Delphine zu sehen ...

"Komm, lass uns die Farben auspacken!", rufe ich Heike zu und sie nickt mir durch ihre windzerzausten Haare zu; die langen blaugrünen Filzzöpfe an ihrer Mütze tanzen dabei wie lebendige Unterwasser-Pflanzen. Und schon hüpfen wir hinter Nashi her, beladen mit Rucksäcken voll Farbe und Proviant. Heikes Zauber ist ein original italienischer Cappuccino, den sie in einer winzigen Espressokanne auf dem Gaskocher aufbrüht, egal wo sie sich befindet ... So auch hier.

In einer windgeschützten Kuhle entledigen wir uns unserer Kleider und packen die Flaschen mit den Flüssigfarben und die Töpfe mit den Kompaktpigmentfarben aus.

Ja, endlich nackt.

Alle meine Poren lechzen nach Luft und Sonne und Wind und Naturenergie.

Die türkisblaue flüssige Grundierung streicheln wir beide gleichzeitig auf. Vier Hände auf Beinen, Po, Bauch, Brust, Armen, Hals und Kopf.

Schon ist Heike Dolphina Sandwitch überall blau.

Sie klettert auf einen Stein am Meer und da sehe ich vom Ufer aus, wie sie Eins wird mit diesem Blau des Pazifiks und verschmilzt mit ihm.

Tauch ein, ruft uns das Meer zu, und wir kommen ...

... wie ein- und ausatmen eines riesigen organismus ...

... wir räuchern salbei und sweetgras und danken
den kräften von papatuanaku und ranginui ...

Die nächsten Stunden verbringen wir unablässig malend zwischen den Steinen im Sand, beobachten die kleinen Blasen des weißen Meeresschaums, der mit jeder neuen Welle, die an den Strand gespült wird, die Spur der vorigen auslöscht.

Mit diesem Fließen – dieser regelmäßige Rhythmus des heranrauschenden Meeres, um dann an den Steinen sanft zu gurgeln, wenn die Wasser sich zurückziehen – wie Ein- und Ausatmen eines riesigen Organismus – ziehe ich ihre Pinselstrich um Pinselstrich auf den Körper, über den Rücken, über den Bauch und die Spitze, endlich über alles, vorn und hinten...

Die Linien, die der Pinsel zieht, sind die ihres Körpers, aber die Energie ist die ihrer Erinnerung an ihre Begegnung mit dem Delphin und das Schwimmen mit ihr in dieser Bucht.

Um bestimmte Linien klarer hervortreten zu lassen, benutze ich schwarz und weiß, indem ich dünne Striche neben den blauen Streifen ziehe.

Ganz zuletzt nehme ich Zauberstaub (Glimmer) und ziehe einige Linien perlmuttschimmernd und silberblitzend nach.

Später sitzt Heike bemalt mit mir und Nashi im Sand, und wir schauen den Wellen zu, die inzwischen mit der Flut weiter hereinkommen als noch einige Stunden zuvor. Die Wellen brechen sich an den Steinen, und bei einigen scheint es, als ließen sie aus Lebensfreude Gischt hochsteigen und als schaumige Meeresküsse bis zu uns herüber durch die Luft sprühen.

Wir räuchern Salbei und Süßgras in einer der PAUA-Muschelschalen und danken den Kräften von Papatuanuku, Mutter Erde und Ranginui, Vater Himmel, wie sie die Maoris (älteste Einwanderer in Aotearoa) nennen.

7

... dort sitzen wir nun und malen, vom regen
begleitet, unserer partnerin ein kraftgesicht ...

Cambra Maria Skadé

Dipl.Designerin, Lebensweberin,
Frau der Träume, Magie und Kunst

Von Cambra sah ich zunächst nur ein Bild.

Eines, das sie, wie ihre anderen, gelebt, geträumt, fotografiert und gemalt hatte: Gleich Torwächterinnen schmiegen sich Göttinnenfiguren und seltsame Frauengesichter in Fensteröffnungen eines unbewohnten spanischen Steinhauses und künden von der Welt dazwischen ...

Dieses Bild kaufte ich und wünschte mir, einmal Cambra zu begegnen.

Dann, zwei Jahre später, kam sie mit zwei Freundinnen zum Körpermalwochenende Ende Juli ...

Wir sind zusammen sieben Frauen und wandern durch den Wald hinunter zur Ammerschlucht, an deren kühler Kiesbank wir Rast einlegen. Der Weg führt uns über eine schmale Holzbrücke: Unter uns der schäumende Fluß.

Durch den Wald und auf schmalen Wildpfaden kommen wir zu seltsamen großen Steinen, die im Wald stehen wie versteinerte Wesen aus uralten Zeiten.

Diesen Pfad schwer bepackt zusammen zu gehen, Alltag und Altes hinter uns lassend und nach vorne zu neuen Ufern sich hinbewegend, ist ein wunderbarer spiritueller Einstieg in unsere "Farbreise".

Von dort aus klettern wir zu einer hoch im Wald gelegenen Höhle.

Atemlos kommen wir oben an... Seit ich das letzte Mal hier oben war, war eine Geröllawine abgegangen, die auch zwei der oberen Fichten mit derem mächtigen Wurzelgeflecht in eben die Schlucht gerissen hatte, die wir gerade emporgestiegen waren ...

Inzwischen hat es angefangen leise zu nieseln; das tropfende Geräusch auf Blättern und Bäumen hallt die Felsen hinauf ...

Der Eingang der Höhle wölbt sich hoch über uns.

Dort lagern wir, ziehen einen Schutzkreis mit Räucherkräutern aus der Gegend, packen Fackeln, Decken und Proviant aus, und natürlich unsere Kompaktfarben, die wir im Regenbogenkreis auf einen Felsen legen.

Vor Regen in Mama Erde's Bauch geschützt, setzen wir uns im Kreis zusammen: über uns die mächtige Decke der Höhle, die sich muschelartig in den Hochwald öffnet, in das saftige dunkle Grün des Waldes, von dessen Blätter der Regen tropft, wie Waldrauschen ...

Ein Fadenknäuel, daß ich vorbereitet hatte, führt die jeweiligen Paare zusammen, und dort sitzen wir nun, und malen in dieser Höhle, vom Regen begleitet, inmitten Feuerfackeln, Erde, Luft und Wasser unserer Partnerin ein Kraftgesicht.

Schon sind wir alle verwandelt und eingetaucht ...

In der Höhle dunkelt es jetzt schon sehr, schnell die letzten Linien bei Fackellicht gezogen ...

Ilse bleibt als Wächterin in der Höhle zurück: Sie übernimmt einfach die Aufgabe, von der sie fühlt, daß es ihre sei ... (Danke !) und wir steigen noch einmal hinauf, die sandigen schmalen Pfade am Felsen entlang, bis zur obersten Höhle, an deren Eingang eine Sonne und eine Schlange, die einen Pilz umwindet, in den weichen Stein gemeißelt sind.

Vor unseren Füßen der Abgrund und das tiefe dunkle Grün des Waldes, hinter uns die Höhle mit der Öffnung nach We-

und die sicherheit wächst ... ...

... ein feuer brennt in unserer mitte:
erotisch, wild frei machtvoll ...

... wir steigen noch einmal hinauf, die sandigen schmalen pfade entlang, bis zur obersten höhle ...

33

sten, über uns der Himmel, mit dicht herunterhängenden feuchten Regenwolkenfetzen und ein aufgeregtes Falkenweibchen, das in der Nähe ihre Jungen aufzieht und durch die tiefhängenden Wolken fliegt.

Sonnenuntergangszeit, doch eher ein langsames Ausgleiten des Tageslichts durch die dichten Wolken ...

Zeit, wieder abzusteigen, nicht ohne zu danken für diesen wunderbaren Tag und seinen Ausklang ...

Und als hätte es Vater Himmel gehört, fängt es wieder an zu regnen, fester diesmal: feucht und dampfend rennen wir die schmalen Felspfade in der Dämmerung entlang.

Die Abkürzung abwärts durch den Wald laufen, rutschen, klettern, schubsen und halten wir uns gegenseitig; – Nieselregen in der Dämmerung –; wir entwickeln dabei erstaunliche

Geschwindigkeiten, so als ob sich unsere Füße erinnerten, daß wir mit ihnen sehen können, und die Sicherheit wächst mit der Dunkelheit ...

Als wir am Basislager ankommen, ist es dunkel und wir haben alle großen Hunger ...

Auch Trance-Reisende sind hungrig!

Darum nur das Beste für uns: Obst, Gemüse und Getreide ... Fürs Lagerfeuer sind auch Kartoffeln, Eintopf und Brot gut. Frische Kräuter (Brennessel, Bärlauch, Kapuzinerkresseblüten ...) aus der Umgebung vervollständigen unser Mahl. Vegetarisch grillen am Lagerfeuer: Auberginen, Kartoffeln, Möhren, Maiskolben, Pilze, Paprika, Zuccini, Knoblauchbrot. Auch Müsli hat sich als Kompaktnahrung für Touren in der Wildnis bewährt.

... cambra tanzt ...

... saule, sonnengöttin ...

Der Ruf der Sonnenreiterin

von Cambra Skadé

Mit den Gedanken noch bei der vergangenen Woche, gehen wir sieben Frauen los in unser Verwandlungswochenende. Unser Weg führt in leichten Nebel, Aufregung und Freude steigen langsam auf. Mit jedem Schritt über Steine und nasses Laub fallen stückweise die Alltagsgedanken ab.

Wildnis, mäandernder Flußlauf, Höhlen, sich einlassen auf die Kräfte des Ortes, auf das Flüstern und Raunen, auf die eigenen inneren Bilder und die Energie der anderen Frauen.

Zuerst bemalen wir gegenseitig unsere Gesichter. Wir lassen das, was wir in ihnen sehen, sichtbar werden und die erste Verwandlung beginnt. Junges wird alt und Altes wird jung. Facettenreich tauchen verschiedenste Wesenszüge gleichzeitig auf. Ein Feuer brennt in unserer Mitte.

Dann bereiten wir uns darauf vor, unsere Körper zu bemalen, tanzend, nach innen hörend.

Was will nach außen, was gibt mir Kraft? Ich sehe die Sonne über der Wüste, Strahlen, Wärme, die Erde und beginne, mir die entsprechenden Farben zu suchen. Sonnenfarben müssen es sein, Ocker, Gold und warme Rottöne. Die Zeit beginnt sich zu dehnen und aufzulösen, der Raum um uns verändert sich. Um mich herum breitet sich die rote Erde der Meseta aus, goldener Sand gibt unter meinen Füßen nach. Ich spüre Hitze, gleißendes Licht, ich fühle heiße Winde, die über meine Haut ziehen und sanfte Wellen in Sanddünen zeichnen. Die Kraft der Farben, Formen, Linien wandert nach innen, die Konzentriertheit weckt mein inneres Feuer. Ich fühle mich stark und schön – das ist meine innere Göttin in ihrem Sonnenaspekt. Wir tanzen im nassen Gras, springen um einen alten Baum, lassen Töne und Lachen im Kreis nach oben stei-

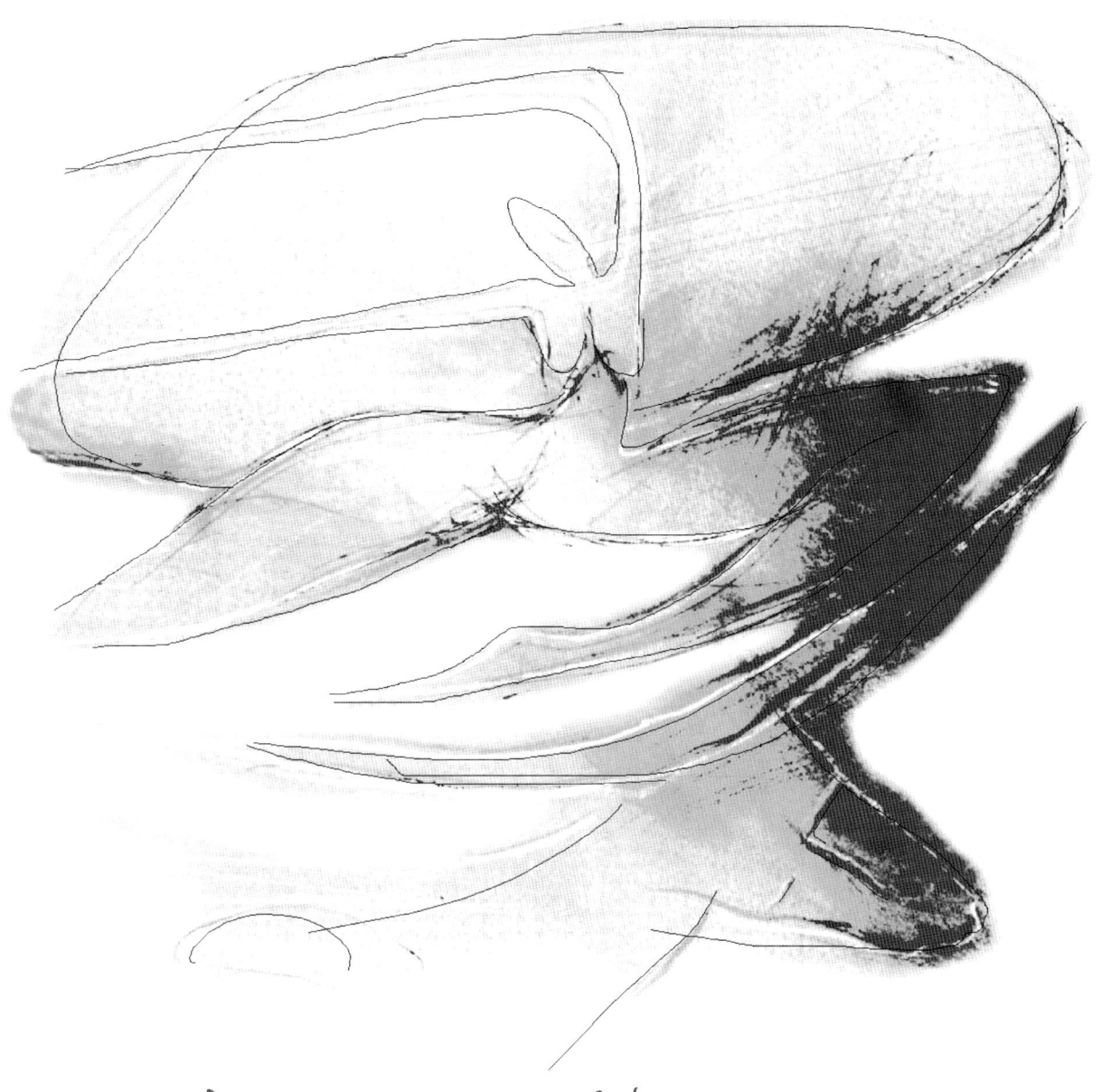

... die sonnenreiterin & la amazona ...

gen. Um mich herum tanzen jetzt bemalte, nackte Erd- und
Wasser-, Feuer- und Luftfrauen in ihrer Zartheit und Kraft,
voller Lebenslust und Freude. In jeder von ihnen taucht das
Bild der Göttin auf in ihren verschiedensten Aspekten: erotisch,
wild, glückselig, frei, machtvoll ...

Der Abend bricht an. Ganz entspannt lassen wir uns in
die Bilder unserer Haut sinken.

Die Energien, Bilder, Visionen manifestierten sich in meinen gemalten Bildern und es entstand der Bilderzyklus "Der
Ruf der Sonnenreiterin"...

... dass mit jedem schritt in den regenwald hinein
ein zauber sich auf die menschen legt,

die ihn durchschreiten ...

Mit Lee in Wainui

Aotearoa, Neuseeland

Lee traf ich in Golden Bay, Aotearoa, (Neuseeland) bei einem spontanen Fest junger Leute zu Mabon, Herbstequinox, mitten in der Natur am Fuße eines Berges, zwischen Mimosenbäumen an einem Fluß. Sie war wunderschön, mit kurz geschorenen Haaren und barfuß, eine junge Frau Anfang 20, als ich sie ansprach. Sie erzählte mir, daß sie Design studiert, und mit ihrem Freund Rick und einer Crew von Freunden eine internationale Multi Media Show mit Trancemusik und Schwarzlichttheater auf die Beine stellt ...

Wir kamen ins Gespräch auch über meine Arbeit und da sie in der Nähe wohnte, versprach sie mir uns zu einem Ort zu führen, der für sie Ihr Kraftplatz ist ...

So fuhren Nashi und ich früh am nächsten Tag los: im Bus Proviant, Ausrüstung und Farben schon im Rucksack verpackt. Der Weg über die Hügel in Golden Bay führte in Richtung Meer. Dann wand sich die Straße an der Küste entlang, durch Felsendurchbrüche und kleine bewachsene Tunnel, direkt am Meer, bis wir zu der verabredeten Stelle kamen, an dem die Straße den Fluß Wainui kreuzte.

Lee und Rick waren schon dort und auch Yvette und Ron, die wir ebenfalls kennengelernt hatten. Wir stellten unser Auto ab, packten unsere Rucksäcke und wanderten flußaufwärts in den Wald hinein.

Nun ist die Natur in Neuseeland bekanntermaßen beeindruckend und es ist tatsächlich so, daß mit jedem Schritt in den dichten Regenwald hinein ein Zauber sich auf die Menschen legt, die ihn durchschreiten ...

Riesige Farne, herunterhängende Lianen und sanftes warmes Licht streifen uns liebevoll auf dem Weg. *Tui*-Rufe und raschelnde Laute, dann wieder Stille ...

Sanfte gurgelnde plätschernde Geräusche: Die Wasser des Wainui erzählen ganze Legenden, während der Fluß an den Steinen vorbeizieht ...

Hier schlagen wir unser Basislager auf.

Lee wählt Rot aus dem Regenbogenkreis und während wir die Farbe in die Schüssel gießen, singen wir ein Maori Lied, denn das keltische Mabonfest findet seine Entsprechung bei den Maori, Neuseelands Ureinwohnern, in dem Fest

42

Poututerangi oder Ngahuru und ist ein spiritueller Anlaß des
Erntedankfeierns: *Te ngahuru tiko tikoiere, ko poututerangi te
matahi o te tau ...*

Nach etwa einer Stunde leuchtet Lee wie eine tropische
Blüte in all ihrer Fülle – und um sich in Bewegung zu bringen,
hüpft sie auf und ab und dann auf und davon, über die großen
flachen Steine, die quer im Fluß lagen, auf die andere Ufer-
seite ...

Ihr Körper stand nicht länger vor der Landschaft, er wurde eins mit ihr.

Als sie sich auf einen riesigen angeschwemmten Baum-
stamm legt, wandern auch diese Linien auf ihren Körper, ich

... leuchtete lee wie eine tropische blüte

in all ihrer fülle ...

ziehe Linie um Linie mit Weiß und Schwarz nach, um den Kontrast zur Farbe noch zu verstärken ...

In den Legenden und Erzählungen der Maori gibt es die Atua, feenartige Wesen, die in die Haut von Sterblichen schlüpfen können und kraftvolle FrauenGöttinnen: Papatuanuku - Mutter Erde, Pani, Hinetitama, Whanui, Poututerangi ...

Ich bin froh, daß auch die alten Geschichten auf der anderen Seite der Erde von starken, mutigen, liebenden Frauen erzählen, und ihrer Verbindung mit den Elementen und der umgebenden Natur ...

Dieses sehe ich, als ich Lee in ihrer Farbhaut dort auf den Steinen des Wainui stehen sehe, inmitten des Flusses, hinter ihr die Farne und der Regenwald in Aotearoa.

Noch mehr fühle ich mich eins mit allem was mich umgibt, mit Lee, mit Nashi und unseren Freunden, mit den Steinen, dem Wald, Wind und dem Wainui, mit der ständigen Kommunikation zwischen unseren energetischen Schwingungen und denen der Umgebung.

Während sich Lee einen Stein im Fluß aussucht, auf dem sie sich ausruht und meditiert, packen Nashi und wir den Proviant aus:

Frische Green-Lipped Muscheln, von Ron am Meer von den Felsen gepflückt und in einer kleinen Pfanne mit Knoblauch kurz gebraten ... Tomaten, Möhren, Kumara, Äpfel, Nashis und Vollkornbrot ... Frisches Quellwasser - mmh – von Pupu Springs ... Ein Luxusmahl, ein Festessen zum Erntedank.

Später pflücken wir Flax, eine Bodenpflanze mit langen harten Blättern, aus denen die Maori wunderschöne Körbe, Matten und ganze Wandverkleidungen flechten. Yvette zeigt mir, wie wir daraus Stirnbänder flechten können.

Am Abend wandern wir zurück, bemalt, geschmückt, unter Gesang flußabwärts, bis wir wieder auf die Autos stoßen und uns in unsere andere Realität begeben ...

Wainui, Du beherbergtest uns einen ganzen Tag lang, Wainui, wir danken Dir ...

... eins mit allen was uns umgibt ...

... als stetige erinnerung an diesen tag,
an dem wir etwas über das geheimnis unserer
spirituellen herkunft erfahren haben ...

Mit Tino am Halblech

Auerbergland, Deutschland

Tino kam zu mir mit der bestimmten Absicht, sich bemalen zu lassen und das Foto seiner Freundin (heutigen Frau) zu schenken.

Wir besprachen das Thema und den Ort und dann entschieden wir, Tino zu zweit zu bemalen, auch um den spirituellen Aspekt der Körperbemalung zu unterstreichen und keine erotischen Orgienvorstellungen zu wecken.

So trafen wir uns zu dritt an einem sonnigen Vormittag am Halblech, einem Bergfluß am Rande der Alpen, wo wir uns einen wunderbaren Basisplatz im Sand direkt am Wasser aussuchten.

Aus dem Farbenkreis wählten wir für sein Steinthema ein dunkles Anthrazit, einen schimmernden schwarzsilbernen Farbton, um seine Transformation zu unterstützen. Diesen gaben wir Tino in seine Hände, und er begann seine Grundierung aufzustreicheln.

Während er seinen Körper langsam in das dunkle Schwarz eintauchte, wurde Tino immer ruhiger und entspannter.

Die Sonne schien warm auf uns herab, der Halblech plätscherte in unserer Nähe ... und als Tino vollständig in seiner Farbhaut-Grundierung war, legte er sich erst einmal in den Sand, verwandelt: wärmespeichernd, steinalt und passiv, wie einer der vielen runden Kiesel, die der Halblech aus den Bergen gespült hat und überall dort zu finden sind, als kleinste vollständige Teile der Alpen.

Doch auch die Steine sind voller Leben und Schwingungen, nur verlangsamt, doch sensibel für feinste Berührungen ...

Wenn der Wind um die schneebedeckten Alpengipfel weht und die Feuchtigkeit der Wolken sich als Schnee um sei-

... die wärme speichernd,
steinalt und passiv,
wie einer der vielen runden kiesel,
verlangsamt, doch sensibel
für feinste berührungen ...

ne Flanken legt, während gleichzeitig mit einer Böe Schnee hochstiebt vom Gipfel, sich auflöst und zu Wolke wird, so sieht es aus, als spielten die Berge zart mit diesen flüchtigen Elementen von Wasser und Luft, als ließen diese sanften Berührungen der Wolken an der Bergspitze das Gestein bis ins Innerste vibrieren und wachsen ...

Ob wohl so der klare Bergkristall entsteht ...?

Tino lag im Sand, die Augen geschlossen, während Tiora und ich mit Weiß anfingen, die Steinadern auf seinen Körper aufzumalen: mit sanften Pinselstrichen und Schwämmchentupfern zauberten wir die Steinstruktur auf Beine, Brust und Oberkörper.

Wir hatten den Platz so gewählt, das Tino im Schatten lag und das Geplätscher des Flusses, das Zirpen der Zikaden in der Sommerhitze ohne sonstige Laute schaffte eine eigene Trance-Musik.

Es schien mir, als läge Tino schon Jahrhunderte dort, und unsere schneeflockenleichten Pinseltupfer waren gleich der Wasser- und Wolkenberührungen, die der Wind mit den Bergen spielt.

Dann wandelte sich das Gefühl ...

Plötzlich entstand aus der Steinbemalung eine ganz andere – Die Linien veränderten sich ...

Tino transformierte sich vom passiven Stein zum aktiven Stein Mann, der aus dem roh bearbeiteten Stein heraus Mensch wird.

Aus seiner Steinbemalung wurde Tino neu geboren, kraftvoll, menschlich, männlich ...

Als er aufstand, um sich ein wenig abzukühlen im Halblech, starrten wir ihn nur an ...

Ein Krieger stand vor uns.

Aber kein kämpferischer, aggressiver ShowMacho, sondern ein in sich selbst ruhender, kraftvoller *und* sanfter Mann, der sich kraft seiner, in ihm gewachsenen Anlagen und Fähigkeiten in Bewegung setzt und seinen eigenen Weg beschreitet – bereit sich den Widrigkeiten des Lebens zu stellen, dabei sensibel und sensitiv für das, was seine Umgebung ist.

Er wanderte etwas den Halblech hinauf und stieg dann direkt in ihn hinein.

... zauberten wir die steinstruktur auf beine, brust und oberkörper ...

... dann meditierte er mit den steinen,
aus denen auch er einst erwachsen,
bereits auf dem weg zu neuen ufern ...

... ein Krieger stand vor uns:
menschlich - männlich ...
ein in sich selbst ruhender,
kraftvoller und sanfter Mann ...

Ein Felsen innerhalb des Flusses war sein Ziel. Das Plätschern und das Ziehen der Strömung verstärkte sich noch, doch ruhig und unbeirrbar stieg er durch den Fluß bis an den Felsen, auf den er sich setzte.

Und dort verharrte er eine Weile, meditierte mit den Steinen, aus denen auch er einst erwachsen, bereits auf dem Weg zu neuen Ufern ...

Ein Stück von Mutter Erde, ein kleiner Fels aus den Bergen stürzt herab, wird mit Sonne, Schnee und Regen talwärts gespült und jahrelang flußabwärts rollend geschliffen, bis er rund und einzigartig, wunderschön und kraftvoll als Kiesel Edel-Stein in unseren Händen liegt, als stetige Erinnerung an diesen Tag, an dem wir etwas über das Geheimnis unserer spirituellen Herkunft erfahren haben.

Möge diese Kraft Dich und Deine junge Familie stets liebevoll begleiten und Dich auch in schweren Zeiten daran erinnern, daß der Fluß des Lebens uns trägt und formt und unseren inneren Kristall zum Vorschein bringt.

... driftwood ...

Ver-Wand-Lung

Kleiderhüllen umgeben mich nicht mehr
Doch auch nackt spiele ich meine Rolle

Rote Farbe bestreicht meine Füße
Schlängelt sich an meinen Beinen hoch
Bedeckt mich schließlich
Von Kopf bis Fuß

Vom Nabel breiten sich wellenförmig
Energielinien aus
Führen von der Mitte weg
Und wieder zu ihr hin

Ich bin in eine Farbhaut geschlüpft
Freunde mich mit ihr an
Spüre Ahnungen
Das rot-orange Pulsieren
Die Wärme

Im Spiegel bin ich mir fremd
Und doch vertraut

Wage ich es, das Neue auszufüllen
In ihm zu leben?

Auch die anderen Frauen haben sich
Verwandelt
Neue Bewegungen
und Begegnungen werden erforscht
Staunende Blicke
Veränderte Wahrnehmung

Wir rennen durchs nasse Gras
Spielen, toben, verharren
Spüren Wind und einen Sonnenstrahl

Horchen,
was Farben und Formen meiner neuen
Haut mir erzählen

Stille

Dann Reinigung
Schrubben mit Wasser und Seife
Das liebevoll gestaltete
Körperkunstwerk
Rinnt den Abfluß hinunter

Und doch spüre ich
Die Linien und Farben
In mir vibrieren

Bin ich verwandelt?
Habe ich mich verwandelt?
Oder bin ich neu - die Alte?

Ilse Merkle

... wasserfallfrau - vogelfedern schmücken ihr haar
- segen versprüht in die landschaft ...

Farbenmagie ... Theorie

Grundsätzliches über Erdfarben

Erdpigmente (also Erdmatsch), Heilerde oder selbst angemischte lehmige Erden von hellocker bis schwarz eignen sich zum Bemalen, allerdings fängt diese Schicht recht bald an zu bröckeln und aufzuspringen.

Das schafft zwar interessante Strukturen, eignet sich aber nicht als Grundierung für aufwendige Malereien und gelegentlich juckt es den Bemalten sehr oder reizt die Haut über Gebühr.

Bei intensivem Sonnenschein und Aufenthalt im Freien staubt diese Schicht, sobald sie trocken ist, wieder ab: Die Reste haften an den Körperhaaren und Farbe ist nicht mehr erkennbar ...

Trotzdem benutze ich immer wieder lehmige Schichten Erde, mit Wasser zu einem Brei vermengt, solange sie für die Beteiligten angenehm ist, zum Teil als Untergrund für die Grundierung mit Körperschminken.

Heilerde, Kaolin, Pfeifenerde oder Bolus alba ist als Pulver in Apotheken erhältlich.

Lehmige oder tonige Erden finden wir an verschiedenen Stellen in der Natur in der Nähe von Gewässern.

Die zerstoßenen reinen Erd-, Pflanzen- und Tierpigmente anderer Kulturen sind häufig für unsere Haut *nicht* verträglich, bzw. unsere Körper und Gesichter haben zum Teil heftige Abwehrreaktionen auf Farbmischungen eines Schamanen aus Papua-Neuguinea, denn unsere Haut ist die ständigen heftigen Sonnen-, Wind-, Wetter- und Naturgerbungen nicht mehr gewöhnt und sie reagiert viel schneller allergisch.

Wir verfügen außerdem nicht über die Grundmaterialien wie bestimmte Baumrinden, Kaktusläuse, Insektenpanzer, Tierschleim u.ä., die manche der leuchtenden Farbtöne der Schamanen Papua-Neuguineas oder Indianern Südamerikas beinhalten.

Zu Zeiten der ägyptischen Pharaonen schminkten die Damen mit Bleiweiß ihre Gesichter, da sie dessen schädliche Wirkungen noch nicht kannten ...

Deshalb ist es unbedingt notwendig, hautverträgliche Schminkfarben zu gebrauchen. Allerdings sind einige der bei uns billig in Drogerien und Schreibwarengeschäften angebotenen Faschingsschminken zum Teil völlig unbrauchbar. Sie werden Theaterschminke oder Aquacolor *genannt*, um sie als hochwertig zu tarnen, haben aber oft übelste Konsistenz und Wirkung, z. B. Glitzer mit Glasstückchen oder Metall, das die Augen sofort allergisch reizt: da ist es unerläßlich solche Hersteller zu boykottieren und höchst verträgliche Schminken professioneller Hersteller zu verwenden!

Für afrikanische Stämme, die Stoffe und Kleidung ablehnen, damit sie ihre Wirklichkeit bis unter die Haut spüren, ist es lebensnotwendig, den Körper durch mineralische Pigmente, in Öl angerührt, vor der gleißenden Sonne zu schützen. Damit ist aber auch der ständige Berührungs- und Körperkontakt in den Kultur- und Tagesablauf eines jeden eingebettet. Die Menschen verbringen ihr tägliches Leben im Freien und erneuern ständig die Schicht, - und gleichzeitig sanft und liebevoll den gegenseitigen Berührungskontakt. Dafür fehlt uns in Nordeuropa einfach die Sonnenwärme, die Zeit, die Konti-

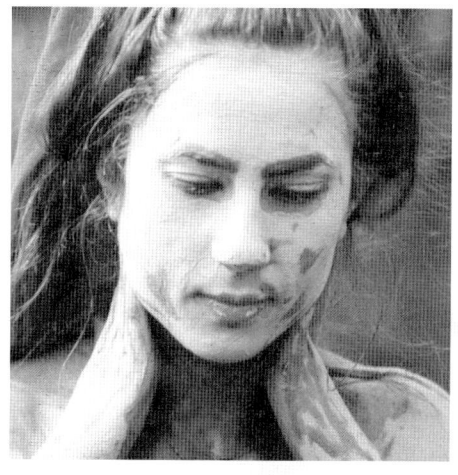

... feentanz vor den fallenden wassern ...

nuität und die kulturelle "Erlaubnis" uns ständig gegenseitig so nahe zu kommen.

Körperliches *Abgrenzen,* nicht nur mit Kleidung, ist (leider) in unserer Kultur bestimmend.

Darum nehme ich für meine Rituale, Kurse und Seminare professionelle Körperschminken in allen Bunt- und Erdfarbtönen.

Die Vorteile sind Hautverträglichkeit und die Möglichkeit Farbmagie in unsere Rituale zu tragen:

Lädst Du rote Feuerenergie ein ...

oder öffnest Du Dich für das tiefe Blau des Ozeans ...?

Willst Du die Kraft des Jaguars, indem Du in seine Haut schlüpfst, oder willst Du die sanften Erd- und Grüntöne von Papatuanuku, Mutter Erde ...?

Es gibt Farbschminken von verschiedenen professionellen Theaterfirmen, die ich für Körpermalerei verwende und empfehlen kann.

Professionelle wasserlösliche Körperfarben sind z.B.: Aquacolor und Aquacolor liquid von *Kryolan,* Theaterschminke von *Eulenspiegel.* (Bezugsadressen siehe Anhang)

Kompaktschminke, z.b. *Kryolan* Aquacolor oder *Eulenspiegel* Schminkfarbe ist wasserlösliche, sehr gut hautverträgliche und trotzdem relativ wischfeste Schminke in fester Form in Flachdeckeldosen in verschiedenen Größen.

Sie wird mit Wasser angerührt und mit Fingern, Pinsel oder Schwämmchen aufgetragen. Als Pinsel (keine Schulmalpinsel!) brauchen wir mindestens gute Aquarellpinsel, die feine Linien ziehen können.

Die Konsistenz der angerührten Farbe sollte etwa honigartig sein. (Etwas länger Wasser in die Farbe streichen, bis sie cremig ist: so wird der Farbauftrag satter ...)

Sie eignen sich besonders fürs Gesicht, Muster und Symbole ebenso wie Flächen und Linien, und für Kinder, da sie leichter abwaschbar sind. Für das Bodypainting mindestens 15ml/18ml-Dosen wählen!

Flüssigschminken von *Kryolan,* z.B. Naß-Schminke, Aquacolor Liquid oder Interferenz-Schminke, enthalten Glycrin und Alkohol, der beim Auftragen verfliegt und auf der Haut eine schimmerige oder matte, sehr schwitz- und wischfeste Oberfläche hinterläßt.

Da diese Farben flüssig sind, ist eine Malerei mit feinen Details nicht möglich (ausgenommen: Airbrush Technik), für eine vollständige Grundierung aber unerläßlich.

Flüssigschminken von Eulenspiegel, z.B. Liquid Body Make-up, sind wasserlöslich und nicht ganz so schwitzfest, dafür aber leichter abwaschbar. Durch ihre cremige Konsistenz, auch bei hellen Farben wie Weiß und Gelb, eignen sie sich für Spritzer und Sprenkler auf dunklem Untergrund.

Glanzpuder von *Kryolan*, z.B. Body Make-up Powder, und von *Eulenspiegel*, z.B. Perlglanz-Effekt-Puder, werden mit Wasser angerührt und mit Pinseln aufgetragen. Mit dem cremig angerührten schimmernden Puder können wir Linien und Flächen betonen oder auch transparenter gestalten.

Außerdem schmeicheln diese seidigen und doch kräftigen Farbtöne den sanften Linien und der Grundierung des Körpers und betonen kleinste Muster.

In Verbindung mit Flüssigschminken als Grundierung und Kompaktschminke als matte Malerei sind die Glanzpuder "tiefenwirksam". Aufgetragene Muster wirken durch ihren Schimmer dreidimensional und so wie früher zerriebener Lapislazuli (meditativ) in stundenlanger Arbeit aufgetupft wurde, können wir heute auf Glanzpuder zurückgreifen, um diese Schimmereffekte zu erzielen.

Glitter, d.h. metallfreier Polyester-Körperglitter in allen Farbtönen ist lichtblitzender "Zauberstaub", der, mit Finger oder Pinsel aufgetupft, jeder Gesichtsmalerei magische Lebendigkeit verleiht: Die Prinzessin schillert aus 1001 Nacht, der Tiger glänzt golden im Fell, der Delphin springt silberblitzend, der Pirat hat einen großen glitzernden Ohrring und das Meer der Nixe liegt schimmernd in der Sonne ... Auch Tribals oder Schmuckmuster lassen sich mit Glitter gut betonen.

Für feine Linien tauche ich ein feuchtes Holzstäbchen oder einen Pinsel in den losen Körperglitter und lege ihn auf die Linie auf. Ein wenig den Stiel andrücken und den überzähligen Glitter abpusten. Kleine Glanzpunkte lassen sich mit Ohrstäbchen "stempeln".

... sanfte grüntöne und das tiefe blau des ozeans ...

Es gibt noch einen anderen Grund, warum ich für die Grundierung Flüssigschminken verwende: Dieses bewußte "In eine andere Haut schlüpfen" innerhalb der ersten Stunden, diese Wahrnehmung des eigenen Körpers *zwischen* den Welten, nicht nackt und nicht angezogen, verändert unsere Wahrnehmung von Realität.

Flüssige Schminken trage ich mit den Händen und mit Schwämmchen auf. Dabei streiche(l) ich die Farbe direkt auf den Körper auf. Die Flüssigschminken sind sehr ergiebig und lassen sich gut streicheln.

Während der Alkohol verfliegt, lassen sich durch sanftes Streicheln verschiedener Farbtöne auch Farbverläufe herbeizaubern ...

Breite flache Malerpinsel, Naturschwämme oder sogar Blumensprüher haben wir experimentell verwendet.

Da wir draußen keinen Stromanschluß für Airbrush und Kompressor finden, können wir diese Effekte nur mechanisch mit (Stoppel) Schwämmchen imitieren. Für Airbrushpistolen gibt es spezielle flüssige Schminken, deren Pigmente feinst gemahlen sind, damit sie sich durch die feine Düse sprühen lassen.

Vorsicht im Gesicht dabei!

Flüssige Schminken kann man auch in Handarbeit spritzen (mit dem flachen getränkten Pinsel in weiten ausholenden Bewegungen) oder herunterlaufenlassen.

Dabei eher von hell nach dunkel arbeiten.

Mit Hilfe eines Spiegels auf "weiße" Stellen achten, z.B. hinter den Ohren, am Ellenbogen, am Po und Oberschenkeln, wenn man sich bückt.

Wenn Du mit einer Partnerin oder Partner malst: Schaut mal, wo beim jeweils anderen die noch freien Stellen sind: Berührst Du Dich dort selten?, Entdeckst Du möglicherweise Körperstellen an Dir, die Du *nie* berührst? Und Dein Partner/ Partnerin?

Für die Grundierung ist es leichter, wenn man für den Rücken die Hilfe zweier anderer Hände in Anspruch nehmen kann.

Allein kann man mit Hilfe eines großen Spiegels jede Stelle am Körper erreichen und bemalen.

Rückkehr ... Abwaschen

Die Körpermalfarben sind so hautverträglich, daß man sie auch mehrere Tage tragen kann. Natürlich verändern sich die Farben auf Deinem Körper und an Stellen, wo Kleider reiben, rubbelt auch die Farbe wieder ab.

Kehre aber zurück, wenn Du das Gefühl hast, Du willst Deine Haut wiederhaben.

Ich habe mehrmals Tage "in Farbe" verbracht (zum Schlafen in einen Bettbezug schlüpfen, das schützt den Schlafsack oder die Bettdecke und ist waschbar!), aber spätestens nach drei Tagen brauchte ich das Gefühl meiner Selbst wieder.

Manchmal kommt der Moment der Rückkehr schon nach ein paar Stunden, laß alles zu, denn Du bist Du!

Kompaktschminke läßt sich so am einfachsten vom Gesicht abwaschen: Ein wenig pH-neutrale und parfümfreie Flüssigseife pur auf Wangen und Stirn, mit der Farbe verreiben und dann mit einem Waschlappen mit warmem Wasser abnehmen. Nach dem Abschminken ein wenig Feuchtigkeitscreme oder Massageöl auftragen. Das entspannt die Haut und heißt dein neues "altes" Gesicht und Körper im Hier und Jetzt willkommen.

Auch für den Körper nehme ich flüssige Seife oder Duschgel aus dem Naturkostladen, sie schäumt weniger beim Einseifen mit dem Waschlappen, und löst sehr gut die Farbe, ohne die Natur zu belasten, aus der wir gerade auftauchen ...

Zum Abwaschen von wischfesten Flüssigschminken eignet sich gut eine Badewanne zum "Einweichen", mit pH-neutraler flüssiger Seife oder Duschbad und Waschlappen oder Duschbürste, und dann nochmals eine Dusche.

Das hört sich anstrengend an und ist es auch!

Am besten, Du genießt diese lange und ausgiebige Waschbürstung an jeder Stelle Deines Körpers, dieses Gefühl umfassender Frische und Sauberkeit ...

Es gibt auch spezielle hydrophile Öle, die also wasser- und fettlösend als erste Schicht vor der Seife aufgetragen werden können und die die Farbe noch besser anlösen, bevor man sich endgültig sauberduscht.

Die Rückkehr geht immer einher mit dem Zwischenstadium der Farbreste: Nun sehen wir wirklich alt, verbraucht, schmutzig aus ...

Das ist *die* Gelegenheit auch alte Sorgen, Angewohnheiten, Muster, Wut und Kummer mit abzuwaschen. Bürste auch an Deinem Rücken und fahre mit dem Waschlappen über Bauch und Arme ... spürst Du Deine neue frische Haut ...?

Übrigens sind die abgewaschenen Pigmente nicht umweltschädlich, d.h. natürlich können wir sie auch draußen abwaschen, wenn *kein* Bad zur Verfügung steht.

Es bleiben dann aber Spuren der Farbverwandlung übrig: "Der ist noch grün hinter den Ohren" ist ein Sprichwort aus keltischen Fruchtbarkeitsritualen, zwei Tage danach, an den jungen Mann, der in seine Farbhaut zu Ostara geschlüpft war und Reste davon noch bis in den Mai trug ...

Wenn Du an einem See oder Fluß lagerst, und Dich auch dort waschen willst, benutze möglichst einen Kessel warmes Wasser, Duschbürste, Wasser und wenig Seife aus dem Bioladen.

Diese schäumt nicht so stark; mit der Duschbürste kannst Du aber die Farben abwaschen, ohne die Flußkrebse zu benachteiligen!

Am Meer Süßwasser zum Abwaschen benutzen: Das salzige Wasser in Verbindung mit Seife wandelt die Farben in eine cremeartige Schicht um, die sich um so schwerer entfernen läßt!

Farbreste in der Kleidung kann man bei 60° herauswaschen, bei empfindlichen Stoffen hilft die Reinigung.

... schlafen ... träumen ... am meer ...

Die Farben

Über Farben und deren Ordnungen gibt es bis heute verschiedene Theorien!

Die Grundfarben Theorie der Rot-Blau-Gelb Primärfarben ist eine sehr verbreitete Version, ein anderer Ansatz die Dreifarbentheorie einer internationalen Beleuchtungskommission mit den Primärfarben Rot, Grün und Blau (RGB).

Andere ordnen den sieben Farben des Regenbogens die sieben Grundtöne der Tonleiter zu, wie auch den Chakren verschiedene Farbtöne zugeordnet werden.

In Reinhold Soelchs Buch über die "Evolution der Farben" werden verschiedene wissenschaftliche Ansätze diskutiert und Übereinstimmungen wie Schwächen aufgezeigt: Licht ist sowohl eine elektromagnetische Schwingung als auch ein Energieimpuls.

Farben stellen nach den neuesten Erkenntnissen Empfindungen dar, die weder im Licht mitgeführt werden, noch im Auge entstehen, sondern erst im visuellen Zentrum des Gehirns gebildet werden.

Unsere menschlichen Augen können nur eine kleine Bandbreite sichtbaren Lichts wahrnehmen, abhängig auch davon, wo wir aufwachsen und wie wir unsere Wahrnehmung trainieren.

Im Regenwald Südamerikas z.B. können die Yanomami etwa 23 (!) verschiedene Grüntöne wahrnehmen und benennen. Gleiches wissen wir auch von den Inuit (Eskimos) über die Farbe Weiß. Da es für ihr Überleben wichtig ist, haben sie gelernt, ihre Wahrnehmung in diesem Wellenbereich des Lichts zu intensivieren. Tatsache ist, daß ein (weißer) Lichtstrahl mit einem Prisma in verschiedene Spektralfarben gebeugt werden kann, die kontinuierlich ineinander übergehen.

Lichtschwingungswellenlängen werden in der Wissenschaft in Nanometern (nm) gemessen. Da Farben nach Wellenlängen geordnet sind, haben sie eine natürliche harmonische Anordnung. Diese geht von dem für Menschenaugen sichtbaren Rot (780 nm) bis Violett (400 nm), doch auch innerhalb dieses Spektrums können wir Farbtonunterschiede sehr unterschiedlich erkennen, was wiederum mit den Farbzäpfchen in unseren Augen zu tun hat.

Bei 540 nm sehen wir nur halb soviel Farbtöne wie bei 500 oder 600 nm.

Dafür ist unsere Fähigkeit zur räumlichen Auflösung bei 540 nm viel höher, als am blauen oder roten Ende des Spektrums.

Farben gehen einher mit Empfindungen, sowohl in der äußeren Wahrnehmung wie in der inneren Gefühlswelt.

Heilwirkungen von Farben, Aura Soma, Farb(-licht)therapie sind inzwischen Bestandteil von verschiedenen sensitiven und ganzheitlichen Heilmethoden.

Empfehlenswert dazu sind die Bücher von Waltraut Maria Hulke "Das Farben Energiebuch" und "Das Farben Heilbuch".

Rot-orange-gelb-Gelbgrün empfinden wir eher als "warme" Farben, Lila-Blau-Türkis-Blaugrün empfinden wir eher als "kalte" Farben.

Die Reihenfolge der sichtbaren (Spektral) Farben in Bezug auf Körpermalfarben läßt sich in etwa mit dem Regenbogen merken: Rot - Orange - Gelb - Grün -Türkis - Blau - Lila - Violett

Zwischen Rot und Violett liegt Purpur, bei den Körpermalfarben Altrot genannt, ein Auberginefarbton (Rot-violett), das den Regenbogen zu einem Farbenkreis schließt. Alle Körpermalfarben lassen sich untereinander mischen.

Innerhalb dieses Farbkreises liegen Farbtöne in verschiedenen Mischungen und Farbabstufungen, die zur Mitte hin heller werden, pastellfarben bis zum weißen Mittelpunkt. Weiß liegt hier im Farbenkreis in der Mitte, da Weiß die Abwesenheit aller Farben zeigt und alle Farben aus weißem Licht geboren werden.

... ahnenwissen ...

dunkelrot   karminrot

aubergine/pink   rot

violett   orange

lila   gelb

ultramarinblau   zitrongelb

mittelblau   gelbgruen

tuerkis   hellgruen

jadegruen   grasgruen

... der farbenkreis ...

hellbraun   caramelbraun

terracotta   beige

rotbraun   ockerbraun

dunkelbraun   umbrabraun

Brauntöne, die eine Mischung aus mehreren Farben sind bzw. aus einer Mischung zweier Komplementärfarben, liegen in diesem Farbenkreis außen und zwar auf der "warmen" Hälfte neben Zinnoberrot als Rotbraun bis Hellocker, neben Gelb und grünlichem Braun neben Olivgrün.

Weiß und Schwarz gelten in der klassischen Farblehre nicht als Farben.

Für mich sind Weiß und Schwarz allerdings Farbtöne mit besonderen Aufgaben: Man kann jede Farbe mit Weiß in vielen Abstufungen heller mischen.

Weiß brauche ich am meisten, da ich Farbverläufe, besonders von Farbtönen, die nicht im Farbenkreis nebeneinander liegen und daher "disharmonisch" scheinen, ebenfalls harmonisch und energetisch freundlich auf dem Körper ineinander streicheln kann, wenn ich Weiß in die Übergänge mische.

Ein Beispiel: Lila und Grün liegen im Farbenkreis eher gegenüber. Trage ich diese beiden Farbtöne direkt nebeneinander auf, so entsteht ein grau-brauner Streifen zwischen den beiden Farben, den unsere Augen als "disharmonisch" wahrnehmen.

Verwende ich jedoch einen Farbverlauf innerhalb von Lila mit Weiß heller und gehe dann von Hellflieder nach Pastellgrün und wieder dunkler, so bleibt dieser Farbverlauf innerhalb unseres Farbempfindens "harmonisch", was sich wiederum nach der Ordnung im Farbenkreis richtet.

In der Körpermalerei haben Schwarz und Weiß außerdem eine besondere Aufgabe als Kontrastfarben. Sie geben jeder Körpermalerei zusätzlich Struktur und Tiefe.

Das heißt, bei jeder Körpermalerei mische ich Weiß in meine Farbreihe für die Grundierung und ich benutze bei der zweiten Schicht Malerei mit Kompaktschminke viel Weiß und Schwarz, um Kontraste und Strukturen zu setzen und die Farbenleuchtkraft zu verstärken.

Natürlich kannst Du auch einfach Schwarz oder Weiß grundieren, wenn Du Dich danach fühlst.

Ich beginne in unserem Kreis mit dem Regenbogen-Farbenkreis, und benutze ihn immer wieder, denn diese Farbmagie erscheint in allen Farbverläufen.

Farbverläufe, die sich nach der Ordnung im Farbkreis richten, strahlen "harmonische, energetisch freundliche" Schwingungen aus.

Die Pigmentierung der Schminken von hell nach dunkel ist bei Weiß und Gelb am "dünnsten" und bei Blau, Braun und Schwarz am "dichtesten".

Deshalb eher von hell nach dunkel arbeiten oder bei Farbverläufen von dunkel nach hell genug Raum für die hellen Farbabstufungen lassen.

Im Gesicht arbeite ich meist von dunkler außen nach hell innen.

Immer bis in den Haaransatz schminken, sonst wirkt es sofort maskenartig!

Wenn man das Gesicht in nur einem Farbton bemalt, wirkt es ebenfalls plakativ und starr.

Wird es jedoch im Farbverlauf bemalt, bis an die Haarspitzen, Schläfen und knapp unter das Kinn, wirkt das Gesicht plastisch und lebendig.

Mit einem Farbverlauf von außen nach innen, bei dem die Augen, Nase bis Oberlippe im hellsten Bereich sitzen, wirkt unser farbiges Gesicht "freundlich".

Wird der Augenbereich dunkler gehalten, so ist es "geheimnisvoller" bis unheimlich (z.B. schwarze Totenkopfaugenhöhlen).

Jede Farbe steht energetisch in Verbindung zu einer bestimmten Zustandsempfindung, die je nach Person unterschiedliche "Färbung" haben kann. Deshalb gibt es auch keine eindeutig festgelegte Farbempfindung, sondern je nach Quelle gibt es verschiedene Angaben.

Eine kurze Einführung sei mit den unverbindlichen Assoziationen auf den folgenden Seiten versucht:

... frauenkraft ist nornenkraft ...

... in rot und weiss ...

Rot:

Planet:	Mars.
Element:	Feuer, Glut.
Emotion:	Liebe, Vitalität, Aktivität, Sinnlichkeit, Leidenschaft, Mut, Dynamik, Energie, Gefühl, Lebenskraft, Emotionalität, fester Wille, Initiation.
Tier:	Roter Ibis, Fuchs.
Pflanze:	Granatapfel, Rose.
Edelstein:	Rubin, Granat.
Objekt:	Blut, Vulkan, Wein, Samt.
Heilwirkung:	erhöht Puls, Blutdruck und Atemfrequenz, erweitert die Gefäße und verbessert den Kreislauf, verstärkt die Atemtätigkeit, harmonisiert Schwächeanfälle.
Farbwirkung:	hilft dabei, neue Ziele zu setzen und motiviert den Willen zum Durchhalten, wirkt autonom, intensiv, erregend, erwärmend und belebend.
Mythologie:	zugeordnet den Liebes- und Muttergöttinnen, ebenso den Initiationsgöttinnen Gaia und Venus; Germanisch: Wotan, Tibet: Rote Naro, Kurukulla, Indien: Kali, Jüdisch: Sophia, Nepal: Kaumari.

Orange:

Planet:	Merkur, Saturn.
Element:	Feuer, Licht.
Emotion:	Enthusiasmus, Geselligkeit, Freundschaft, Konstruktivität, Unabhängigkeit, Hilfsbereitschaft und Mitgefühl.
Tier:	Feuersalamander, Tagpfauenauge.
Pflanze:	Ringelblume, Johanniskraut.
Edelstein:	Karneol, Mookait.
Objekt:	Energie.

Heilwirkung: hilft gegen Depressionen und Lebensüberdruß, unterstützt den Körper bei der Bildung und Fixierung von Kalzium, stimuliert die Verdauung, erhöht körpereigene Abwehrkräfte, stärkt das Immunsystem, fördert geistige Flexibilität und seelische Ausgeglichenheit.

Farbwirkung: aufmunternd, entkrampfend und entspannend.

Mythologie: spirituelle Farbe des Buddhismus, da Orange dem dunklen Gelb sehr ähnlich, siehe Gelb.

Gelb:

Planet: Sonne.

Element: Feuer, Luft.

Emotion: Fröhlichkeit, Großzügigkeit, Erleuchtung, Weisheit, Intelligenz, Freude, Hoffnung, innere Freiheit, Glück, Befreiung, Gelb drängt nach vorn auf Neues, Verstand.

Tier: Löwe, Pirol, Zitronenfalter.

Pflanze: Mais, Löwenzahn, Labkraut, Königskerze, Hokkaido-Kürbis.

Edelstein: Bernstein, Gold.

Objekt: Sterne, Sand, Zitrone, Butter, Blüten.

Heilwirkung: HUM (tibetische Keimsilbe), heilend bei Asthma, reinigende Wirkung auf Blut und Lymphe, anregend für Galle und Bauchspeicheldrüse für Leber und Verdauung, gegen Ermüdung.

Farbwirkung: heiter, sanft reizend, wärmend, anregend.

Mythologie: zugeordnet den Sonnengöttern und der Heilung; Germanisch: Freya, Phönizisch: Kybele (mit ihren Löwen), Persien: Mithras, Altägypten: Amon Re, Griechisch: Helios/Sol, Nepal: Lakshmi, Indien: Buddha Ratnasambhava.

... begegnung ...

Grün:

Planet:	Erde.
Element:	Erde.
Emotion:	innere Harmonie und Ausgewogenheit, Fülle, Wachstum, Hoffnung, Frieden, Sympathie, Anpassungsfähigkeit, Verläßlichkeit, Stabilität, Sicherheit, Selbstbehauptung, Selbstachtung, Heil, Anfang, Gnade, Versöhnung, Trost, Barmherzigkeit, Sehnen.
Tier:	Laubfrosch, Kröte, grüne Schlangen.
Pflanze:	Eiche, Birke, Farne, grüne Kräuter.
Edelstein:	Smaragd, Malachit, Moosachat.
Objekt:	Wiese, Wald, Natur, Knospen, Saat & Ernte.
Heilwirkung:	hilft gegen Schwellungen und Stauungen im Gewebe, fördert Regeneration, Entspannung, Ausgleich und Harmonie, beruhigend für Herz und Nerven, heilsame Wirkung auf die Bronchien, unterstützt die Funktion der Augen.
Farbwirkung:	beruhigend, sanft, freundlich, begehren, besitzen, ausdauernd, beharren, satt, beschützend.
Mythologie:	Ostara, die Frühlingsgöttin; Keltisch: der Grüne Mann, aber auch Gawan, der grüne Ritter, ebenfalls Hildegard von Bingen; der Gründonnerstag, an denen *Grünes* gekocht wird, ist ein Überbleibsel aus alten keltischen Ritualen. Griechisch: Diana, Ägyptisch: Osiris, Persephone, Tibet: Grüne Göttin Tara, Maori: Hinetitama und Tane, Gott des Waldes.

Blau:

Planet:	Jupiter, Venus (blau-kupfer).
Element:	Wasser.
Emotion:	Ruhe, Frieden, Hingabe, Wahrheit, Treue, Glauben, Loyalität, Vertrauen, Konzentration, entspannte Empfindsamkeit, Ideal der Einheit,

Zärtlichkeit, Geborgenheit, Sanftmut, Geduld, Aufrichtigkeit, Beständigkeit, Ernst, passiv, Enthaltsamkeit, Traum, Mystik, Unbewußtes, Meditation, Klarheit, Transzendenz.

Tier:	Delphin, Wal, blaue Papageien.
Pflanze:	Enzian, Kornblume, Blaue Blume im Märchen.
Edelstein:	Lapislazuli, Saphir, Aquamarin.
Objekt:	Himmel, Wasser, Meer, Ferne, Seide.
Heilwirkung:	Verengung der Gefäße bis zur Schmerzunempfindlichkeit, besänftigend bei Angstzuständen und Schilddrüsenüberfunktion, harmonisierend bei Beschwerden im Klimakterium.
Farbwirkung:	fördert Ruhe, Entspannung und Ausgeglichenheit, kühlend, sehnsüchtig, träumerisch.
Mythologie:	Blau steht für die Verbindung mit dem Göttlichen; Indien: Krishna, auch Shiva.

Violett:

Planet:	Neptun.
Element:	Äther.
Emotion:	Nächstenliebe, Idealismus, Opferbereitschaft, Würde, Intelligenz, Wissen, religiöse Hingabe, Magie, Zauber, Nostalgie, Heiligkeit, Demut, Buße, Sorge, Trauer, Transformation, Seelenwanderung, Intuition, spiritueller Friede und Verstehen.
Tier:	Quallen, Fische, Purpurschnecke.
Pflanze:	Veilchen, Flieder, Blaukraut, Aubergine.
Edelstein:	Amethyst.
Objekt:	Alter, Abenddämmerung.
Heilwirkung:	unterstützt Meditations- und Konzentrationsfähigkeit, fördert die Bildung weißer Blutkörperchen, von Eisen und Jod, fördert die Sensibilität für psychische Prozesse.

Farbwirkung: Vereinigung von Blau und Rot = Verschmelzung von männlicher und weiblicher Polarität, Einsfühlung, Heilige Hochzeit.

Mythologie: Christus, im männlich/weiblich-Aspekt auch mit Maria Magdalena, im Aspekt Tod - Wiedergeburt, der Seelenwanderung und religiöser Hingabe in der Nächstenliebe; Griechisch: Jupiter bzw. Zeus, Indien: Seelenwanderung.

Braun:

Planet: Jupiter.

Element: Erde, Holz.

Emotion: Antriebsfähigkeit, Widerstandskraft, Tragkraft, Fruchtbarkeit, Zurückhaltung, Einfachheit, Schlichtheit, Verbundenheit mit Mutter Erde, Geborgenheit, fördert das Gefühl der Verbundenheit, Demut, Askese.

Tier: Bär, Reh.

Pflanze: Wurzeln, Bäume.

Edelstein: Tigerauge.

Objekt: Lehm, Sand, Acker, Ton, Holz(maserung), Leder, Kakao.

Heilwirkung: Erdung, passive Wärme, fördert körperlich-sinnliches Empfinden und Verwurzelung.

Farbwirkung: naturverbunden, gemütlich, heimelig.

Mythologie: mütterlich-hütend: Mutter Erde, Gaia, Hl. Franziskus; Tibet: Herukes des Bardo, Indien: Vajrajoginis.

Erdtöne in allen Farbstufen, ockerfarben bis erdschwarz, sind Mischtöne aus mindestens 3 Grund- und Sekundärfarbtönen.

Weiß:

Planet: Mond.

Element: Wind, Luft, Stein.

Emotion:	Klarheit, Reinheit, Erhabenheit, Zartheit, Sanft-mut, Heiligkeit, Helligkeit, Hingabe, Jungfräu-lichkeit.
Tier:	Schwan, Schneeeule, Delphin, Einhorn.
Pflanze:	Lotus, Lilie, Seerose, Edelweiß, Schneeglöck-chen.
Edelstein:	Diamant, Kristall, Opal, Mondstein, Alabaster, Marmor.
Objekt:	Elfe, Licht, Nichts, Wolken, Nebel, Salz, Sei-de, Schnee, Eis.
Heilwirkung:	erste Phase der Initiation, innere Reinigung.
Farbwirkung:	sphärisch, unnahbar, endlos.
Mythologie:	Frau Holle, Isis, Jahwe; Indien: weiße Schlan-ge = Milchstraße, Lichtsymbol: Lotus, germa-nischer Lichtgott: Baldur, Tibet: weiße Tara, Kore, weiße Halbmondgöttin, Buddha Vairocana.

Schwarz:

Planet:	Pluto, Mars.
Element:	Erde, Stein.
Emotion:	wild, dunkel, erdig, geheimnisvoll, Trauer, Buße, das Unbekannte, Magie.
Tier:	Phönix, Panther, Rabe, Krähe, Skarabäus, Katze
Pflanze:	Alraune, Schierling.
Edelstein:	Obsidian, Achat, Onyx.
Objekt:	die Nacht, Kohle, Asche, Tod.
Heilwirkung:	Initiation, Evolution, Transformation.
Farbwirkung:	uralt und jung, energetisch kraftvoll, animalisch, finster, furchterregend.
Mythologie:	Mutter Erde, Alter, Großmutterclan; Ägypten: schwarze Isis, Anubis, Seth, Charon, Hekate, Indien: Kali, Durga, Samantabhadra, Griech-isch: Chronos, Tibet: Maya.

... der blick ...

... symbole rufen die energien und die kräfte ...

Symbole

Symbole sind sehr kraftvolle Zeichen, die wir auf unsere Farbhaut gegenseitig auftragen.

Sie können ganz verschieden sein und auch an ganz verschiedenen Stellen am Körper aufgetragen werden.

Mit Symbolen rufen wir bestimmte Energien und Kräfte zusätzlich zu unseren Farben.

Es gibt inzwischen sehr gute Bücher über Symbole verschiedener Kulturen und ihre Bedeutungen. Meine Empfehlung: Felicitas H. Nelson *Symbolsprache der Talismane und Amulette* und andere Symbolbücher aus dem Schirner Verlag (siehe Literaturliste).

Für diese Malereien benutze ich die Kompaktschminke in den Dosen, die ich mit Wasser gut anrühre bis eine cremeartige Konsistenz erreicht ist. Zum Auftragen halte ich mir eine Palette aus Fingern, unterschiedliche Pinsel und Schwämmchen bereit.

Die feinen Pinsel (z.B. Aquarellpinsel ...) sind in Größe 0, 1, 3, 5 und 7, dazu mehrere Flachpinsel und weiche Borstenpinsel in 1 - 5 cm (!) Stärke und Breite.

Da diese Malereien sehr zeit- und energieaufwendig sind, nenne ich diesen Abschnitt den zweiten Teil unserer Farbmagie, der nochmals zwei bis vier Stunden dauern kann.

... weiss-rot-schwarz sind die farben der nornen,
der göttinnentriade, der ewigen weiblichkeit ...

Einfach (zu malende) Symbole:
Spirale, Kreis, Linien, Punkte, Mond(Sichel),
YinYang, Dreieck, Ankh, OM, ...

Kompliziert (zu malende) Symbole:
Horusauge, Lebensbaum, keltisches Triskel, keltische Knoten und Vielecke, ...

Tribals:
Abstrakte Muster, die sich wie ein Tattoo um
bestimmte Körperstellen schmiegen.

Eigene Bildsymbole:

Das kann eine Landschaft oder die Kontur eines Landes sein, ein Bild eines Kindes oder einer Traumsequenz, die eine bestimmte Verbindung symbolisiert.

Tiermuster:

Falke, Drache, Schlange, Skarabäus, astrologische Tierzeichen oder Fetischtiere (Totemgeister), Krafttiere und Abstraktionen davon, Energie von Krafttieren, - pflanzen, - steinen.

Dekore und Ornamente:

Sich wiederholende Muster, Mäander und Bänder, ineinanderlaufende Schnörkel.

... wärme: frühes abendlicht im herbst ...

... hart und weich, fliessend und fest ...

Farben im Ritual

An unserem Platz im Freien, den wir zum Malen ausgesucht haben, räuchere ich zunächst und ziehe einen Schutzkreis.

Mit Meditation, Tai-Chi, Trommeln oder Singen kannst Du dich einstimmen.

Für eine Körpermalerei brauchen wir mindestens drei bis sechs, und oft mehr Stunden, darum fange ich gerne vormittags und gut gefrühstückt an.

Dann stelle ich unsere Farbflaschen und offenen Farbdosen im Regenbogenkreis auf. Wasserkanister, Pinsel und Farbschüsseln stehen ebenfalls bereit.

Wähle intuitiv – Gehe nach Deiner Stimmung an diesem Tag. Laß Dich von einem spontanen Gefühl der Vorliebe leiten.

Alle Farben, ob flüssig oder kompakt, lassen sich miteinander mischen und abstufen oder mit Weiß oder Gelb aufhellen.

Jede/r beginnt dann zunächst bei sich selbst, entweder bei den Füßen oder aber an den Schläfen. Auch der Bereich der Genitalien wird von jedem selbst bemalt!

Die Farbe ist auch hier gut verträglich, solange wir sie nicht mit (inneren) Schleimhäuten in Verbindung bringen.

Bücke Dich dabei und nehme Spiegel oder die Beobachtung "freier" Stellen eines Partners oder Partnerin zu Hilfe!

Die Farbe, die Dich am meisten berührt, wähle zu Deiner Grundfarbe.

Zunächst muß die Farbe, d.h. die Pigmente gut mit dem Trägeralkohol gemischt werden. Dafür schüttele ich die Farbflasche kräftig mindestens drei Minuten, während ich gleichzeitig ein wenig die Flasche knete.

Ich gieße die flüssige Grundierfarbe in meine Hände über eine Schüssel, die die überschüssige Farbe auffängt.

Dann beginne ich entweder an den Füßen oder im Gesicht.

Da die flüssigen Farben Alkohol enthalten und auch wischfester sind, trage ich sie nur am Gesichtsrand bis zu den Ohren auf und benutze für das Gesicht selbst Kompaktschminke.

Ich streichele mit den Händen die Farbe auf meinen ganzen Körper auf, nur für Haare und hinter den Ohren benutze ich ein Schwämmchen.

Die Farbe ist sehr ergiebig und etwa 80 ml reichen für eine komplette Körperbemalung.

Ich male meistens einen Farbverlauf auf den Körper, da die Malerei mit nur einem Farbton plakativ wirkt und wenig plastisch.

Entweder ich nehme einen Farbton (z.B. Blau) und mische ihn von unten nach oben oder andersherum auf dem Körper heller. Du kannst in die Schale mit dem ursprünglichen Blau Weiß zugeben und so nach und nach die Farbe heller mischen.

Du kannst auch eine zweite oder dritte Farbflasche, in der Harmonie des Regenbogenkreises benachbarte Farbtöne dazunehmen und die Farben dann auf Deinem Körper ineinander mischen. (z.B. Blau - Türkis - Grün - Gelb)

Dadurch ergeben sich harmonische Farbverläufe über mehrere Farbtöne, die intuitiv auf die Person und ihre Schwingungen abgestimmt sind.

... Von Blau über Türkis nach Grün ...

... Von Rot über Orange nach Gelb ...

... Von Grün über Gelb nach Rot ...

... Aber auch: Von Blau über Mittelblau nach Hellblau ...

Oder: Von Karminrot über Rosa nach Rosé (mit Weiß aufhellen) ...

Oder: Von Dunkelgrün über Grasgrün nach Gelbgrün (mit Gelb aufhellen) ...

... joey balitänzer
körpermalseminar 2000 ...

Stelle Dir vor, Du würdest Dich in Farbe waschen, dabei fallen auch Stellen auf, die Du selbst selten berührst.

Mit einem Spiegel kannst Du alle Seiten und Körperstellen betrachten.

Am einfachsten geht es natürlich mit einem Partner/Partnerin, der/die auch beim Bemalen des Rückens helfen kann.

Nachdem Du Deine Grundierung gewählt und aufgetragen hast, gib Dir etwas Zeit Deine neue Farbhaut zu spüren.

Wie fühlst Du Dich (jetzt) ...?

Die Energie der Farbe hat ihren eigenen Zauber.

Bist Du plötzlich hungrig, packt Dich das Gefühl des Umherspringens?

Willst Du Dich warm einkuscheln oder schaust Du voll Staunen auf die Farbverwandlung?

Lasse alles zu, singe, lache, weine, tanze, rauche, trommele, atme, tue nichts ...

Lasse die Elemente Besitz von Dir ergreifen.

... steinreich ...

... lasse die elemente von dir besitz ergreifen ...

Die Elemente – Die Farben

Wasser   Blau-Türkis-Grün, Grau, Silber, Weiß,
Schwarz.

Feuer   Altrot, Rot, Orange, Gelb, Zitron, Gold, Weiß,
Schwarz.

Erde   Braun, Schwarz, Grün, Altrot, Weiß, Schwarz,
Kupfer.

Luft   Gelbtöne, Weiß, Mittel- bis Pastellblau, helles
Grau, Schwarz.

Holz   Brauntöne, Ocker, Schwarz, Weiß.

Stein   Schwarz, Weiß, Grau - Anthrazit, feinste
Strukturlinien oder Tupfer mit Gelb oder Grün,
Altrot, Blau oder Violett.

Äther   Weiß bis Rosa, helles Türkis, fliederfarben, Lila,
Violett, Purpur, Weiß, Schwarz.

... pfeil der sehnsucht ...

... gib dir etwas zeit
deine neue farbhaut
zu spüren ...

117

Am meisten erstaunen mich die Verwandlungen der Frauen und Männer, mit denen ich gearbeitet habe.

Bewegung, Körperhaltung, Sprache, Stimmung ...

Alles kann sich völlig verändern.

Manch eine ist mit und in ihrer Farbhaut fast nicht mehr zu erkennen.

Manch einer entdeckt über seine Farbenhaut neue überraschende Bereiche und Qualitäten seines eigenen Ich's.

... dominique natur und in farbe
workshop frau & natur,
lech, auerbergland, 1998 ...

... wir geben uns hin,
unserem tag, der farbreise,
dem absichtlichen nichtstun und
sanften geniessen der zarten
berührungen von
pinsel, worten, musik und spirit ...

Im (Innen)Raum: Marion und Else

Einen Tag Körpermalerei und Frauenmagie
Ein Geschenk der Nichte an ihre Tante zum 40. Geburtstag

Ein naßkalter Tag Anfang Juni. Wir haben einen Raum in einem Gärtnerei - Pavillion gemietet und hergerichtet. Teppiche, Schaffelle, Decken und eine Kuschelecke hineingelegt, mit farbigen Stofflaken bedeckt, als Schutz vor Farbspritzern. Zwei Gasöfchen und ein Heizstrahler wärmen uns den Raum.

Hier kommt genug Licht durch das Glasdach, ansonsten nehme ich zwei 500-Watt Strahler, um einen Raum hell genug auszuleuchten.

Zwei große Spiegel stehen an den Wänden, zwischen den Pflanzen, in denen wir unsere Verwandlungen miterleben und den Farbauftrag verfolgen können.

Auf dem einen Tisch stehen Getränke und Obst, auf einem zweiten unsere Materialien: Farbflaschen, Kompaktschminke, Pinsel, Schwämmchen, Wasser- und Farbtöpfchen, Handtücher, etc.

Auch hier räuchere ich zunächst den Raum, ziehe einen Schutzkreis mit "Liebe und Harmonie" Räuchermischung von Marlis, der pflanzenkundigen Räucherfrau aus unserer Gegend, die Kräuter, Hölzer und Harze z.T. wild an der Ammer sammelt oder nach dem Mond in der Blumenschule trocknet.

Diese Dufträucherung reinigt den Raum von alten, abgestandenen Energien, macht Platz für neue Geschichten und hüllt uns in wunderbar sanfte entspannende Düfte.

Nun ist unser Raum hergerichtet- ein Paradiesplatz für ein paar Stunden, an dem wir uns wohlfühlen dürfen.

Und das ist wichtig, denn wir wollen auf unsere nackte Haut malen.

Auch Gesichtsmalerei ist schon ein Einlassen an den persönlichen Intimbereich:

Die Haut, die selbst ein Organ ist.

Unser kultureller Intimbereich fängt hier in Nordeuropa meist schon bei ca. 1 m Umkreis des jeweiligen Menschen an. Südeuropäer, die sich beim Sprechen kulturell näher kommen (ca. 50 cm) oder sogar anfassen, werden deshalb von Nordeuropäern eher als unangenehm aufdringlich empfunden.

Die persönlich eingerichteten "Kuschelecken" sind deshalb auch ein wichtiger Schutz- und Rückzugsort der zu Bemalenden in einem (fremden) Raum.

Es ist wichtig, jeden persönlichen Intimbereich immer respektvoll, sanft und liebevoll zu begegnen!

Als Maler/in bist nicht Du die Hauptperson, sondern der/die zu Bemalende!

Wir setzen uns auf den Boden und geben uns die Hände. Wir sagen unsere Namen und schauen uns in die Augen.

Eine Farbreise, einen Tag lang …

Dann lege ich den Farbkreis mit den Farbflaschen aus, Brauntöne in die Mitte, Schwarz und Weiß an die Seiten.

Um diesen herum wandern wir, bis jede ihre erste Farbe spürt.

Grundierung

Marion wählt Orange, während Else vom dunklen Altrot im Farbkreis fasziniert ist.

So suchen wir zunächst für Marion den Farbverlauf von Gelb über Orange nach Rot aus.

Marion beginnt "unten" mit Gelb, das sie aus einer Farbflasche auf ihre Hände gibt, und dann ihre Füße sanft Gelb streichelt und reibt. Sie streicht über ihre Beine, bis zu den Oberschenkeln, bis sie ihre Hände in Orange taucht und Po, Bauch und Brust einfärbt.

Bei dem Übergang von Gelb nach Orange an Po und Rücken helfe ich ihr, und als sie vorne an den Schultern Rot aufträgt, streichele ich ihr das Rot auch auf den oberen Rücken und zwischen die Schulterblätter.

Währenddessen hat Else ebenfalls angefangen, sich zu bemalen.

Sie beginnt "oben", d.h. mit den Fingern an Ohren, Schläfe und Kinn entlang an der Seite vom Gesicht, welches erst später mit Kompaktschminke bemalt wird, da die Flüssigschminke in Alkohol gelöst ist, der die Augen reizen kann und wischfeste Schminke im Gesicht eben auch schwieriger abgerubbelt werden muß.

An Hals und Nacken abwärts streichelt sie das dunkle Altrot, auf Schultern und Arme, bis sie mich um eine hellere Farbe bittet.

Dann mischt sie Weiß und Flieder in das auberginefarbene Rot auf ihren Armen, und streicht es auf dem Körper trocken.

"Hier brauche ich aber noch eine wärmere Farbe", sagt sie, als sie an ihrem Bauch ankommt und holt sich Orange und Gelb aus dem Farbenkreis.

Langsam wächst ihre Bemalung und als sie ihre Füße in dunkles Blau taucht, das die Beine als immer hellerer Farbton hinaufwandert, verwandelt sie sich vollständig: aus dem Gelb auf ihrem Bauch erblüht eine Blume ...

Etwa drei Stunden sind inzwischen vergangen; weil wir alle die Zeit vergessen hatten, bekommen wir langsam Hunger und nehmen ein Mahl von unserem Proviant: Salate und vegetarischer Soja-Hackbraten von Marion, als Nachtisch Erdbeer-Tiramisu von Else ... mmh ...

Eine kleine Lustwandelung durch die Wildnis- und Hexengärten der Blumenschule läßt uns den kalten Regen vergessen und die Blumenkobolde und Fabelwesen scheinen in jeder Ecke zu stecken ...

Symbol-Malereien

Nach unserem Spaziergang kommen wir wieder im Kreis zusammen und diesmal liegt der Farbenkreis aus Kompaktschminkdosen vor uns.

Else wünscht sich etwas Helles zwischen Brust - und Kehlkopfchakra.

So entsteht ein aufgehender Stern, die Venus in ihrem Dekolleté symbolisiert den aufgehenden Stern ihres 41. Lebensjahres in der Zeit zwischen Tag und Nacht:

Die Dämmerung, die den Himmel in unglaublichste Farben taucht und dessen leuchtende Sterne von einer neuen kraftvollen Zeit künden.

Ihre Beine sind meerblau, vom dunklen Wasser in hell übergehend, und ihre wunderbaren weiblichen Hüften erhal-

... blumenkobolde und fabelwesen
scheinen in jeder ecke zu stehen -
welch ein geschenk ...

... ihre wunderbar weiblichen hüften
erhalten ein band aus tribals,
ineinander geschwungenen spiralen,
monden und kreisen ...

ten ein Band aus Tribals, ineinander geschwungenen Spiralen, Monden und Kreisen.

Die schönste Farbhaut zum besonderen Ereignis des 40. Geburtstags: welch ein Geschenk ...

Marion wünscht sich Linien auf Beine und Bauch und bald züngeln Feuerschlangen ihre Beine hinauf. Spritzer und Sprenkel lassen sie förmlich flackern. Als würde allein ihre Feuerenergie alles Wasser trocknen, schiebt sich die Sonne durch die regentriefenden Wolken und taucht unseren Glaspavillion in warmes Sonnenlicht und läßt uns geradezu leuchten in Farbe.

Berührung

Irgendwann kommt in unserer Farbenreise der Punkt, wo plötzlich die Energie nach innen geht. Müdigkeit oder das Bedürfnis einer Pause kommen auf. Das ist der Punkt, an dem unsere Farbmagie zu wirken beginnt, und die innere spirituelle Verbindung zunächst das Innen ausfüllt.

Es war einmal ... Bei einem Seminar mit acht Frauen sind wir alle spontan – farbig auf farbigen Sitzknautschsäcken – eingeschlafen, fast tranceartig in Schlaf gefallen, für vielleicht eine halbe Stunde oder Stunde ... Auch ich – und als ich aufwachte, sah es aus wie eine Szene im Märchenschloß: farbige Göttinnen lagen überall im Saal herum und schliefen!

In einer größeren Gruppe können wir eine Traumreise machen oder Meditation, oder abwechselnd liegen und malen.

Gut ist, wenn Du weißt, daß dieser Punkt kommt: Wir dürfen uns hingeben, unserem Tag, der Farbreise, dem absichtlichen Nichtstun und dem sanften Genießen der zarten Berührungen von Pinsel, Worten, Musik oder *spirit.*

Für uns Frauen ist das wirklich schwierig, uns selbst so eine genüßliche Pause zu erlauben ... Ist nicht doch noch eine Waschmaschine zu füllen oder ein dringender Brief zu schreiben?

NEIN, heute ist der Farbtag ganz für Dich und Dein Kraftschöpfen!

Marion liegt bequem auf Fellen und spürt in ihre rote Farbe, ihre Glut in sich selbst. Sie hat die Augen geschlossen.

Else hockt sich neben ihren Kopf und beginnt, ihr Gesicht zu bemalen.

Die beiden Frauen, Verwandte, Freundinnen über einen Generationssprung so innig zu sehen, den möglichen liebevollen Austausch und die gegenseitige Förderung unserer weiblichen Kräfte und "Weibermagie", fernab jeden Dogmas, sondern im Tun, im Alltag, berührt mich tief.

Auch Marion bemalt später Elses Gesicht – noch etwas zaghaft, doch nach ihren intuitiven Linien.

Inzwischen malen wir seit sechs Stunden und die Sonne schickt noch ein paar Strahlen ...

Wir machen uns auf den Weg, wandern durch die Blumenschule, besuchen die Kräuter und Duftpflanzen in den Gewächshäusern und dann rennen wir in den wunderbaren wilden Zaubergarten.

Im Weidenhaus unter grünen Blätterbögen tanzt Else einen Bauchtanz und schwingt ihre Hüften, daß die Blüte auf ihrem Bauch die Sonnenstrahlen einfängt. Inzwischen begleiten uns die Kinder auf unserem Erkundungsgang und Pius Zaubergärtnersohn führt uns zum Feuerplatz am See, wo Marion Hölzer schwingt und mit Reisigbüschen voll gelber flatternder Bänder ihre eindrucksvolle Feuerfrau zeigt.

Von dort aus tanzen wir unterm Laubengang zum alten Stuhl, der in der Wiese steht, gleich neben den Gartenzwergen.

Von oben regnet es Rosenblätter: Die Kinder sind in den Busch geklettert und senden Else und Marion blumige Grüße.

Das Paradies ist hier und jetzt!

Eine Stunde später ist alles gepackt, wir sind wieder auf dem Weg in unseren Alltag.

Marion und Else fahren zurück, bemalt noch, doch nur Hände und Gesicht erzählen davon und ihre leuchtenden Augen.

Später werden sie sich gegenseitig beim Duschen und Rückenschrubbeln helfen. Eine liebevolle rituelle Gabe der Rückkehr für beide Frauen, bevor Marion wieder Rollstühle schiebt und ihre Knöchel und Schultern nicht schont und Else ihre Familie und ihre beiden Kinder versorgt.

Doch die Erinnerung bleibt – und die Kraft der Farben-Magie für unseren Alltag ...

... walpurgis: wir trommeln, entzünden ein feuer und
singen frauen- und friedenslieder ...

128

Die Arbeit mit Gruppen

Ich sorge hier in Deutschland immer für einen Seminarraum, der gut beheizbar und sogar mit offenem Kamin (Feuerenergie) ausgestattet ist, um bei widrigen Wetterverhältnissen selbst im Sommer in einen Raum ausweichen zu können.

Ich empfinde die rituelle energetische Verbindung allerdings "draußen" am stärksten, deshalb gehe ich auch mit einer "Drinnengruppe" nach draußen, wenigstens um kurz herumzurennen oder Fotos bei Naturlicht zu machen, oder abends mit oder ohne Kleidung am Feuer zu trommeln und zu tanzen.

Wir waren neun Frauen, die sich vorher nicht kannten, und trafen uns in einem großen, schönen, hellen Seminarraum mit Spiegelwand und mehreren Holzstützpfosten.

Ich hatte viele verschiedene Stoffe und Decken mitgebracht, mit denen jede sich nach unserem Begrüßungskreis ein eigenes kuscheliges Lager in diesem großen Raum einrichtete. Mona hängte ein buntes afrikanisches Tuch auf, schmückte ihr Deckenlager mit Muscheln und Steinen und einer Flöte, während Susanne sich ein blaues Lager schuf, mit blauen Wellen, weichen Kissen und einer Klangschale.

Dominique kam mit einem großen braunen Schaffell und richtete sich ein indianisches Lager ein, mit Traumfänger und Trommel.

So schuf jede für sich ihren eigenen Rückzugsort ... bevor wir uns zum Regenbogenkreis in die Farbmitte setzten.

Zuerst malten wir uns selbst auf Papier, dann begannen wir bei unseren Körpern. Im Laufe des Tages schlüpften wir alle in unsere Farbhäute.

Nach der Grundierung aßen wir zusammen und nach einer kleinen Verdauungspause machten wir Elementeübungen:

... eine gruppe von frauen, die sich bis
auf eine häutung nahe kamen ...

Atmen und Singen für die Luft, Bewegungsspiele für das Wasser, ekstatischen Tanz fürs Feuer und eine ruhige Trance-reise im Liegen für die Erde.

Danach erst begannen wir mit dem zweiten Teil der Körpermalerei.

Striche, Streifen und Spiralen tauchten auf, eine Schlange, ein Delphin ... und Dominique malte polynesische Tattoos auf ihre nun braune Haut ...

Am späten Nachmittag brachen wir auf und wanderten durch den Wald an eine Lichtung am Lech.

Dort trommelten wir zusammen, zündeten ein Feuer an und sangen zusammen Frauen- und Friedenslieder, bevor wir wieder zurückwanderten.

Das gemeinsame Abduschen am Abend endete in einer fröhlichen Dusch- und Waschorgie, bei der wir kicherten und herumalberten, wie junge Schulmädchen.

Danach massierten wir uns gegenseitig duftende Öle auf unsere zurückgekehrten Körper, lagen lachend in den Farb-nestern, unseren gestalteten Lagern im großen Seminarraum. Zusammen schliefen wir auch dort, wissend, daß wir eine Gruppe von Frauen waren, die sich bis auf eine Häutung nahe kamen.

Wir feierten mit unseren bemalten Körpern: Sonne im Herzen, Feuer im Bauch, Stille in unserer Mitte und Tanz in den Beinen: Unser Frau-Sein und unsere Verbundenheit mit der Natur, unsere Einzigartigkeiten und unsere Gemeinsam-keiten in all den verschiedenen Facetten.

Wenn ich mit einer Gruppe im Freien arbeiten möchte, fühle ich zunächst den Platz draußen vor ... ein paar Wochen, Tage, Stunden. Zeit ist unwichtig, eher das Gefühl des Ortes muß stimmig sein.

Je größer die Gruppe, desto wichtiger ist diese Regel, damit wir keinen stören und auch selbst nicht gestört werden.

Möglichst warmes Wetter und Sonnenschein ist für eine Körpermalgruppe ebenso Vorbedingung, damit wir uns nackt sicherer fühlen!

Wenn Du fröstelst, wirst Du unter der Malerei zurück in Deinen physischen Körper kehren, was die spirituelle Verbindung beeinträchtigen kann.

Benutze Körpermalerei nicht, um andere zu provozieren, unter Umständen in einem Land, in dem Frauen und Männer sich aus religiösen oder kulturellen Gründen oder Traditionen verhüllen (z.B. Griechenland, Ägypten, Asien...).

Auch in anderen Ländern gibt es Plätze, die geschützt sind vor neugierigen Blicken oder energetisch aussaugenden, glotzenden Konsumisten, so daß die rituelle energetische Verbindung mit uns und der göttlichen Kraft (wie auch immer jeder einzelne von uns Gott anspricht), der Natur, Mama Erde und Papa Himmel stattfinden kann.

Mind. 50 l in Wasserkanistern, Proviant, Farbflaschen und Töpfe, ausreichend Pinsel, alte Yoghurtbecher, mehrere Spiegel, Feuerzeug, Fackeln, Räucherwerk und Erdgaben, persönliche Kraftgegenstände oder Instrumente und Ersatzsocken für hinterher sind unbedingt einzupacken.

Auch warme Kleidung (bei 60° C. waschbar), für abends, sollte jeder dabeihaben.

Wir wandern mit einer Gruppe auf eine große Wiese am Waldrand, die auf einer Hochebene liegt.

Hier ist die Sicht offen und weit und dennoch vor Besuchern geschützt.

Die Sonne ist schon früh warm; am Waldsaum weht Kühle zu uns herüber und dort lagern wir auch. Zunächst packen wir unsere Rucksäcke aus, legen Kochsachen und Nahrung in den Schatten, andere bauen eine Art weiches Lager, zwei andere wiederum holen Holz und richten unseren Feuerplatz ein.

Mit einem Spaten stechen wir Grasoden aus der Wiese aus, um das Feuer in die Erde zu legen. Später, nach Verlassen des Platzes, können wir die ausgestochenen Grasoden wieder auf die gesäuberte Feuerstelle pflanzen.

So wird auch kein Bauer sauer.

Wenn unser Lager eingerichtet ist, finden sich alle im Kreis um die Feuerstelle ein. Dann ziehen wir unseren Schutzkreis, d.h. wir gehen nacheinander singend, trommelnd und räuchernd die unsichtbare energetische Schutzgrenze unseres Platzes ab (incl. der eingerichteten Plätze und Zelte!).

Beginn ist im Osten, von wo aus wir nach Süden, dann Westen, dann Norden ziehen, von dort aus zur Kreismitte.

Trommeln und Rasseln auf dem Weg, Anrufungen der Himmelsrichtungen und Elemente, kleine Altäre an den Punkten der vier Himmelsrichtungen, Singen, Kristallgaben an die Erde und in die Kreismitte unterstützen und leiten unsere innere Spiritualität.

... gedenke in dankbarkeit und demut der göttlichen kräfte, die uns leiten ...

Es ist die Einladung an die göttlichen Kräfte – Und es gibt viele Wege unser eigenes Ritual zu formen.

Gedenke in Dankbarkeit und Demut an die guten Kräfte, die uns leiten!

Manchmal benutzen wir im Frühjahr Pflanzensamen aller Sorten, die wir beim Ziehen des Schutzkreises aus unseren Händen rieseln lassen.

Mit Maismehl kannst Du im Herbst einen sichtbaren Kreis oder Spirale ziehen, über den sich auch Kleinlebewesen freuen.

Bist Du Raucher/in, kannst Du sogar etwas Tabak an die Erde geben, etwas von Dir, das Du gibst ... (aber keinen Müll, keine Zigarettenfilter, oder Du bekommst eben solche Energie zurück!)

Am Meer kannst Du im Sand ritzen oder Steine aufstellen; einen Schutzkreis ziehen kann Dein persönliches Ritual werden, wenn Du es mit Bedeutung füllst!

Nachdem wir den Schutzkreis und unseren Kreis gebildet haben, setzen wir uns hin und schauen uns an. Eine Runde der Namen und "Wie fühlst Du Dich gerade, wo stehst Du in Deinem Leben ...?" läßt die ersten Verbindungen wachsen und kitzelt unsere Intuition.

Danach legen wir den Regenbogen-Farbkreis aus Flüssigschminken in unseren Kreis und beginnen die ersten Farben für die Grundierung zuzuordnen.

Wir wählen die Farbe/Farbgruppe selbst nach Stimmung und Intuition aus.

Dabei können sich einige nach Farbgruppen zusammensetzen, um sich später möglicherweise gegenseitig helfen zu können. (Wenn Du mit roten Händen jemandem Blau auf den Rücken verteilst, werden sich die Farben – und Energien – mischen!)

Jede/r beginnt dann zunächst bei sich selbst, entweder bei den Füßen oder aber an den Schläfen.

Wenn dann der Wunsch nach Farbübergängen entsteht, kann man selbst zu den Farbgruppen gehen und um Farbe und/oder Mithilfe bitten.

Dieser Abschnitt kann ein bis drei Stunden dauern, je nach Anzahl und Stimmung in der Gruppe. Gib jedem genug Raum und eigene Zeit!

Sind wir alle in unsere erste Farbhaut getaucht, so kommen wir wieder im Kreis zusammen und schauen uns erneut an, geben uns Zeit unsere "neue" Haut zu spüren.

Möglicherweise brauchen wir alle eine Pause und verspüren Hunger, wenn wir an unseren physischen Körper erinnert werden. Energetisch gesehen ist Körpermalen anstrengende Arbeit! Im Kreis geben wir unsere Nahrung weiter, teilen Suppe und Brot ...

Danach setzen wir erneut den Regenbogen-Farbenkreis in unsere Mitte, diesmal mit Kompaktschminken und Wasserschälchen zum Anrühren.

Der zweite Abschnitt: Nun können wir allein, zu zweit, zu mehreren unsere Farbhaut weiter bemalen und verändern.

Gruppenbemalung – kann auch sein: ein Körper, viele Hände – Vertrauen, Berührung ...

Sind es Symbole, Linien oder Bilder – sind es Kontraste oder Strukturen, die wir nun auf unsere Körper auftragen?

Laß Dich von Deiner Intuition leiten ...

Am Abend ziehen wir uns wärmere Sachen über unsere Farbhaut, denn es wird kühl. Trotzdem wirken unsere Farben und Linien weiter ...

Bei einer Mehr-Tages-Reise mit Farben beginne ich den ersten Abend zum Kennenlernen mit gegenseitiger intuitiver Gesichtsmalerei.

Am zweiten Tag bemalen wir unsere Körper und können am späteren Abend mit Feuer und Musik, mit Singen, Trance und Tanz unsere neue Haut und die Kräfte der Farben und Elemente zu uns rufen.

Um die Schlafsäcke vor Farbspuren zu schützen, schlüpfen wir über Nacht in einen Bettbezug, erst dann in den Schlafsack.

Am dritten Tag beginnt die Rückkehr. Mit Übungen, Meditationen und Musik bereiten wir unsere Rückkehr vor.

Dann duschen, baden, waschen wir uns entweder zusammen oder kehren einzeln heim, um dort jeder für sich in seine "alte" neue Haut zurückzukehren.

Körpermalerei mit Schwangeren

Ich fand es wunderbar schwanger zu sein, Mutter zu werden.

Die erste Triade: Hormone wechseln, körperliche wie psychische Höhen und Tiefen, die ersten auftauchenden Mutterschaftsängste ...

Die zweite Triade: Der Bauch wächst, Dein Kind auch ...

Die dritte Triade: Dein Kind wächst, Dein Sicherheitsbedürfnis und Deine Energie auch, bis zum Loslassen ...

Das "Willkommen-heißen" eines Kindes durch Körpermalerei ist eine der möglichen spirituellen Geburtsvorbereitungen.

Eine Bauchbemalung ist Kraftbild für die Mutter selbst und ihr Kind, es ist eine energetische Verbindung zwischen der Mutter, dem Kind und dem Vater.

Und es wirkt für das Kind als eine liebevolle Erinnerung an den MamaBauch, aus dem es kam.

Zudem sind es sanfte und genußvolle Extra-Bauchstreicheleinheiten, die in die Tiefe gehen, eine sanfte und liebevolle Farbmagie ...

Angie Mondkind

Wir richten einen Raum gemütlich und warm her. Felle als wärmende Unterlage sind sehr gut, auch Decken und Kissen, geschützt von Bettlaken.

Zusätzlich haben wir einen Heizlüfter installiert und die Musikanlage mit schöner Musik gefüllt. In den Ecken der Himmelsrichtungen stehen kleine Altäre, ein Tablett mit Tee und Gebäck steht in der Mitte. Das Räucherwerk mit Feder und Kohle liegt in einer Muschelschale bereit.

Angie Mondkind wählt aus dem Farbenkreis das Blau für ihren Körper. Ihren wunderbaren Schwanger-Bauch lassen wir als Fenster für Symbol Malerei offen.

Nachdem sie in ihre Farbhaut getaucht ist, wünscht sie sich das Bild des Planeten Erde mit Australien, denn dort ist die spirituelle Verbindung ihres Kindes entstanden.

Ich male die Erde, Australien und kleine Planeten auf ihren Oberschenkel, dabei hören wir Musik der Aborigines und ich richte meine innere Aufmerksamkeit auf die Regenbogenschlange und unsere Verbindungen mit diesem Kontinent, seinen Menschen und ihren Mythen.

... Der nahe Bach plätschert uns ein Lied, die Sonne schickt einen Strahl direkt auf die Wiese vor uns.

Angie sieht nun aus wie Nut, die Himmelsgöttin, das Universum, Mutter Gaia in einer ihrer unzähligen Manifestationen, als junge hochschwangere Frau ist sie wunderschön, kraftvoll und voller Leben, dabei gleichzeitig unendlich jung, wie auch uralt, wissend und weise ...

Katharina mit Anna-Lisa

Katharina ist eine temperamentvolle Schützin (Winterfeuerfrau), und hat inzwischen drei Kinder. Mitten im Winter wachsen ihr warme Farben: Wie im feuchten Dschungelwald ringelt sich eine Schlange von ihrer Schulter, warmes Kupfer glüht an ihren Hüften. Übrigens ist sie hier im 8. Monat! Mutig springt sie nach drei Stunden Malerei in die Stiefel und den dick verschneiten Garten. Ein eigenes magisches Schneezaubertänzchen von einer kraftvollen Mama ...

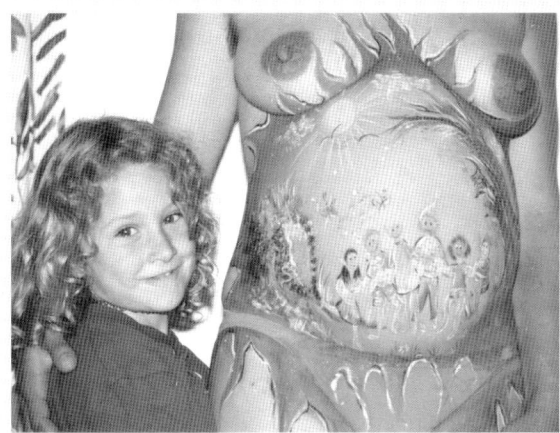

Katrin mit Peter

Katrin ist Töpferin und Mutter von drei Töchtern, einem Sohn und bald noch einem Baby. Ihr Thema, ihr Traum erzählt von Liebe, Friede und Harmonie, Sonnenschein und Freude. In einer Landschaft voller Wärme tanzen Elfen einen Reigen ...

Margit mit Bernadette

Margit mit Bernadette, Papa Albert mit Töchtern Elisa und Rebekka. Diese Familie hat die schönsten Bäuche und die besten Schuhe (nicht im Bild)!

...
projektwoche
in einer
grundschule
...

...
salome und
regenbogenfee
...

...
fledermausin
und drache
...

...
schmetterlings-
mädchen
in weilheim
...

... manu drachensohn spuckt feuer ...

Körpermalerei mit Kindern

Viele Kinder fangen im Alter von 3 bis 6 Jahren das Spiel an: "Wer bin ich?". Sie finden Gefallen am Verkleiden und auch an Bemalung: das In-eine-andere-Haut-schlüpfen ..., aber auch die unbewußte Verarbeitung von Ängsten spielt eine Rolle.

Ich habe zweijährige Mädchen erlebt, die zwar nicht sprechen, aber mir genau bedeuten konnten, welche Farbe und Phantasiegesicht sie für sich ausgesucht hatten. Wilde, fast hyperaktive Buben, die unter meinen zarten Farbstreicheleien die Augen schlossen und in meiner Hand hinwegsanken, friedvoll und ruhig, um dann als verwandelte Piraten laut herumzuspringen.

Eine füllige Zehnjährige, die erst mit ihrem bemalten Gesicht sah, daß sie schön ist (ich male Gesichter nur farbig, *schön* war derjenige schon vorher).

Ein schüchterner Bub, dem das Streicheln fast unangenehm nah war, verwandelte sich in eine Raubkatze und rannte
stolz zu seinem Opa: "Ich bin ein Tiger ..."

Manch ein Kind möchte nur zuschauen und nicht selbst
bemalt werden, da es noch so sehr bei sich ist. Manch ein Bub
möchte nicht so sanft, so nah berührt werden ...

Darum zwinge ein Kind nie zu einem (Gesichts-)Bild, was
Du Dir von ihm machst. Bemale nie ein Kind, das nicht möchte:
Du gehst in den persönlichen Intimbereich eines Kindes! Das
gilt auch für die populäre Form des Kinderschminkens.

Gib den Kindern Freiraum für eigene Experimente, wie
auch Farb- und Motivwünsche.

Eigenwahrnehmung, Struktur und Farbgefühl sowie Berührungen werden aktiv gefördert und tragen zu sinnvollem
einfachen Spielen bei.

Körpermalerei mit Kindern ist immer sehr phantasievoll
und fröhlich: ein warmer Sommertag, viele Farben, Wasser
und mehrere Kinder, die man spontan zu einem Malabenteuer
einladen kann ...

... nashi tanzt auf holz: eigene wilde schmierereien,
aber hautverträglich und leicht abwaschbar ...

... so klettert, springt und wieselt er
stundenlang, hinauf und hinunter,
quer durch laurins garten ...

Laurin

Schamanen in Meran ...

Zur Eröffnung des Botanischen Gartens in Schloß Trauttmannsdorf, Meran in Südtirol, Italien, bekommen wir den Auftrag, die "Fabelwesen aus König Laurins Märchenreich" lebendig werden zu lassen und als solche durch den Botanischen Garten zu wandeln.

Wir treffen Ilu und Ninon, unsere Freunde und "Roadcrew", an der versunkenen Kirche im Reschensee, hoch in den Alpen, kurz hinter der Grenze zu Südtirol. Wir, das sind Tiora, Babsi, Joey und ich, fahren einem vollbeladenen Bus und so gelangen wir im Konvoi zu sechst nach Meran.

Schloß Trauttmannsdorf schmiegt sich an einen steilen Hang oberhalb Merans. Sieben Jahre wurde an dem botanischen Garten gearbeitet, der das Schloß umgibt. Die einzigartige klimatische Lage erlaubt auch das Wachstum von außereuropäischen Pflanzen. So gibt es Wüstenbereiche und Olivenhaine, Duft- und Wassergärten, Felslandschaften und Schilf, Palmen und Kakteengärten ..., auch ein japanischer Garten und Pflanzen aus Tasmanien sind vertreten, alles auf verschiedenen Ebenen und Terrassen vor dem Hintergrund der Alpen und Dolomiten.

Hier treffen wir auch Tom mit Kati und Sohn Vincent.

Unser Malraum ist im obersten Zimmer des vorderen Turmes, ein Holzbalkon mit Blick über eine Hälfte des Botanischen Gartens unsere symbolische Loge:

Wir sind Abgesandte König Laurins, dem mystischen Herrscher über Pflanzen, Stein, Tiere und Fabelwesen der Dolomiten.

Nachdem wir unseren Raum hergerichtet, geräuchert, gut Müsli gefrühstückt und die Farben hergerichtet haben, beginnen Tiora und ich gleichzeitig Babsi als SäulenFrau und Joey als BaumMann zu bemalen.

Nach vier Stunden kommt auch noch Tom als Echsen-Mann hinzu.

So verwandeln wir uns langsam, durch die geöffnete Tür weht Südtiroler Luft: sonnig, warm und voller Düfte wie Gewürz, auch die Berge und der Wald, der an den Hängen wächst, scheinen ihren charakteristischen Geruch zu besitzen.

Zuerst ist BabsiSäulenfrau bereit.

Als lebendige Säule tanzt sie durch den Garten, die Terrassengänge entlang zu einem Platz, im Wassergarten über den Treppen, an dem wir am Vortag schon eine Holzsäule aufgestellt haben.

Hier kann sie versteinern und wieder lebendig werden - bei Berührung mit Augenblicken erwachen und die Erinnerung mit in den Stein nehmen, den sie als Säule repräsentiert.

Auch JoeyBaummann ist inzwischen mit vollständigem Kostüm bekleidet. Vom Balkon aus kann ich ihn schier nicht erkennen: Er verschmilzt mit den Pflanzen in seiner direkten Umgebung, seine Füße sind Wurzeln, seine Arme Äste und sein Körper Holz und Blätter.

Auch er selbst sinkt in seine eigene Trance, während er die Stufen zum botanischen Garten heruntersteigt ...

Als BaumMann bewegt er sich nur ganz langsam, er taucht völlig ein in die botanische Umgebung. Er wandelt durch die Terrassen bis hinunter in den Duft- und Kräutergarten, wo er an einer Stelle im Beet an einer Mauer haltmacht. Hier bleibt er stehen, atmet tief ein und dann wurzelt er mit seinen Füßen in Mama Erde. Sein Blick geht talabwärts in die unendliche Weite des Meraner Bergpanoramas. Eine sanfte Brise streift Blätter und Haare, weht an seinen spitzen Ohren vorbei, eine Eidechse huscht über seinen Fuß. Schmetterlinge taumeln über die duftenden und blühenden Rabatte, der angelegte Bach plätschert sein Lied ...

Als die ersten Gäste an ihm vorbeikommen, nehmen sie ihn nicht wahr, erst als er eine sanfte Drehung macht, zeigt ein Kind auf seine Füße und ein Mann lacht ihn an. Durch die Bewegung sind auch andere auf ihn aufmerksam geworden und bestaunen ihn wie eines der anderen erstaunlichen Pflanzenwunder hier.

Nun steigt er aus seinem Beet heraus, und langsam führt er die Gruppe zur nächsten Treppe, wo schon die lebendige Säule steht und sie mit lächelnden Augen und tanzenden Armen im Garten willkommen heißt.

Währenddessen malen Tiora und ich an Tom, dem EchsenMann, eifrig weiter.

Nach drei Stunden hält TomEchsenmann es nicht mehr aus: Die Magie hat ihn gepackt und er saust hinaus. Er springt die Stufen hinunter, die Steintreppe durch den Olivenhain, kriecht am Wein entlang, klettert übers Geländer, daß ich ihm kaum folgen kann.

Dann huscht er, schnell wie eine Eidechse, durch die Wiese zu einem Baum. Von da aus hechtet er an den verdutzten Besuchern vorbei zu einem Felsvorsprung, auf dem Ohrenkakteen wuchern. Hier kraxelt er hinauf und dann hinüber in den Wüstenbereich, in dem meterhohe Kakteen neben dornenbewehrten Riesensukkulenten wachsen. So klettert, springt und läuft er noch vier Stunden lang hinauf und hinunter, quer durch den botanischen Garten.

Ilu und Ninon bringen ihm eine Rassel aus einer Kalebasse, mit der man TomEchsenmann hören kann, wenn er durch den Garten huscht ...

Tiora und ich sind nun auch im Garten angekommen. Wir tragen Elfenfarben und Füllhörner, mit denen wir panto-mimisch in den Garten trompeten.

Wir als Abgesandte aus König Laurins Zauberreich brin-gen unseren Segen und Zauber mit und heißen Pflanzen und Besucher willkommen.

Dann packen wir unsere Pinsel aus und bieten Gesichter-malerei als Gabe dar: Ein wenig Zauber zum Mitnehmen? Eine Sonnenfee entsteht, eine Berglandschaft, eine kleine Hexe, Mond- und Regenbogenfeen, Schmetterlinge, Tiger, Drachen und Phan-tasieprinzessinnen, Kobolde und Faune. Auch Er-wachsene sind dabei. Sie alle streifen durch den Botanischen Garten von Schloß Trauttmannsdorf, machen den Zauber sicht-bar, der hier die Sinne berührt.

... seine füsse wurzeln, seine arme äste, sein körper
holz und blätter ...
er selbst sinkt tief in seine eigene trance ...

Nach drei Tagen hat TomEchsenMann trotz seiner ausgezeichneten Konstitution Muskelkater und BabsiSäulenfrau ist sichtbar alt geworden. "Muß an den Zivilisationseinflüssen liegen", witzeln wir, als ihr Kleid staubt und die Lachfältchen bröckeln.

JoeyBaummanns Wurzelfüße sind auch schon ganz platt und rauh geworden und Tiora und ich bemalen die letzten Kinder unter den Regenschirmen ihrer Mütter ...

Doch wir alle sind eingetaucht in die wunderbare Zeitlosigkeit in der Begegnung von Mensch und Natur, Magie und Alltag. Hier hat ein Teil von König Laurins Zauberreich unsere Herzen berührt ...

Danksagungen

Ich danke Mama Erde und Vater Himmel für das Abenteuer, leben zu dürfen!

Stefan und dem Verlagsteam für die Chance, meine Arbeit und meine Berufung in diesem Buch so wunderschön dokumentieren und weitergeben zu können.

Danke den Fotografen Peter Steinacker, Peter Schreiner, Pieter van Veldhoven und Heike Dolphina Sandwitch für ihre Fotografien und ihre Kunst, die Magie des Augenblicks auf ein Papier zu bannen ... und Werner und Helmut vom PVC (Photo- und Videocenter).

Ich danke (für) meine(r) Freundin und Seelenschwester Tiora Kaiser, die mich seit vielen Jahren immer wieder beim Arbeiten begleitet, mich inspiriert, unterstützt und auch mit Kritik nicht hinter dem Berg hält.

Ohne ihren Glauben an mich, ihre Geduld und Liebe, ihre Erfahrungen und wunderbaren menschlichen Fähigkeiten neben ihren schamanischen Begabungen, wäre dieses Buch nicht entstanden.

Die schönsten Körpermalereien sind in Zusammenarbeit mit ihr gewachsen, zum Teil tranceartige Farbreisen unter wildesten Bedingungen. Gitta Tiora Kaiser ist Ergotherapeutin und lebt in Würzburg.

Ich danke meinem Lebensgefährten Joey, für seine Liebe in der alltäglichen Realität, ohne die ich nicht die Ausgeglichenheit gelernt hätte, um dieses Buch in Wirklichkeit werden zu lassen, für seine Geduld, auch auf Fragen um 3Uhr morgens noch ruhig zu antworten und mich zum richtigen Zeitpunkt in die Arme oder mit nach draußen in die Natur zu nehmen.

Ich danke meinen Kindern Manu und Nashi für ihre Liebe und ständige Inspiration auf der Findung des Glücks und der Wunder im Alltag.

Ich danke meiner Jugendfreundin Suse für den ersten Farbkasten, den sie mir schenkte und meiner Schwester Larissa für den Rückkauf meiner ersten Kamera, als ich sie damals aus Geldnot versetzen mußte...

Cambra für ihr magisches Weibernetzwerkweben, Gisela für ihre Aufrichtigkeit und Aufnahme in die spirituellen Weiberkreise, Marlis, Sabine und Dominique für unsere Reise an der Ammer ... stellvertretend für die Frauen, die mit mir ihre Kraftplätze und deren Magie teilten, den vielen lieben Freundinnen, den Müttern für ihre Geduld, den jungen Frauen für ihren Idealismus, den älteren Frauen für ihre Güte und Weisheit.

Andi aus Kreuzle, Conny mit den regenerativen Energien, Ilu und Ninon, Arno E., Tom und Kati aus der Sonne, allen mutigen, liebe- und kraftvollen Menschen, denen ich auf meinen Reisen rund um die Erde begegnet bin, ...

und der Frauenkreis-Gruppe für ihre Lehren zu Jahreskreisfesten und Weibermagie, ...

der Männergruppe für ihre Lehren zu Toleranz und Genuß, und den Kinder(gruppe)n für die Regenbogenfarben und die Fröhlichkeit in unserem Leben und unserer Zukunft.

Literaturhinweise

• Drawing the spirit, Ritual Body Art; Charles Arnold, Phoenix Publishing, Inc.
• Die Evolution der Farben; Reinhold Sölch, Ravensburger Verlag
• Indien, Fest der Farben; Boris Potschka, Peter Pannke, Frederking und Thaler Verlag
• Das Arbeitsbuch zur Trance; Kay Hoffmann, Kailash- Verlag
• Trance und Tanz; Kay Hoffmann, Kösel Verlag
• Tanz durchs Labyrinth; Kay Hoffmann, Transform Verlag
• Masken und Gesichter; Hannes Bertschi, Sphinx Verlag Basel
• Die Göttin; Shahrukh Husain, Knaur Verlag
• Frauenkreise; Helge Folkerts, Arun Verlag
• Mond Tanz Magie; Luisa Francia, Verlag Frauenoffensive
• Farben; Ingrid Riedel, Kreuz Verlag
• Keltische Mandalas; Klaus Holitzka, Schirner Verlag
• Indianische Mandalas; Klaus Holitzka, Schirner Verlag
• Body Art; Vera Lehndorff, Kohlhammer Verlag
• Am Anfang war der Traum; Robert Lawlor, Droemer Knaur Verlag
• Die letzten Afrikaner; Gert Chesi, Perlinger Verlag
• The decorated body; Robert Brain, Hutchinson of London
• Maori Myth and Legend; Margaret Orbell, Canterbury University Press
• Fotografie unterwegs; Peter Schreiner, Rother Verlag
• Geister der Erde; Victoria Ginn, Methamorphosis Verlag
• Playing with fire; Eileen Blumenthal, Harry N.Abrams, Julie Taymor
• Völker, Farben, Rituale; Art Wolfe, Frederking und Thaler
• Painted bodies (cuerpos pintados); Roberto Edwards, Abbeville Press
• Schminke, Maske, Körperkunst; Beat Frutiger, Zytglogge Werkbuch
• Geschmückte Haut; Karl Gröning, Frederking und Thaler
• Man As Art; Malcom Kirk, Taco Verlag
• Celebrating the southern seasons; Juliet Batten, Tandem Press
• Die tanzende Göttin; Heide Göttner-Abendroth, Frauenoffensive
• Maori Customs and Crafts; Alan Armstrong, Viking Sevenseas
• Das Farben Heilbuch; Waltraut Maria Hulke, Windpferd Verlag
• Das Farben Energiebuch; Waltraut Maria Hulke, Windpferd Verlag
• Berühre Wega; Luisa Francia, Frauenoffensive
• Talismane Amulette; Felicitas H. Nelson, Schirner Verlag
• Kreisen - Frauenrituale und Feste; Anna Dinkelmann, Selbstverlag
• Lexikon der Heilsteine; Michael Gienger, Neue Erde Verlag
• Räucherkunst; Marlis Bader, Selbstverlag (über Blumenschule Schongau, Rainer Engler und Sabine Friesch, Augsburgerstr.62, D-86956 Schongau, Tel.: 08861/7373, www.blumenschule.de

... orientalischer süsswarenhändler

aus 1001-nacht ...

Fotonachweis

Seite	Fotograf	Körperbemalung	Model
Titel	Peter Schreiner	Tiora, Anke	Tiora Kaiser
3	Peter Schreiner	Tiora, Anke	Tiora Kaiser
5	Hannelore Dörrich	Kurs Studio 77	Kursgruppe
6	Peter Schreiner	Tiora, Anke	Tiora, Ira, Anke
8, 11	Peter Schreiner	Tiora, Anke	Tiora, Anke
12, 13	Anke Firlefanz	Tiora, Anke	Tiora
14	Anke Firlefanz	Tiora, Anke	Tiora
16, 17	Peter Schreiner	Tiora, Anke	Tiora
18, 19	Anke Firlefanz	Tiora, Anke	Tiora
20 – 27	Anke Firlefanz	Anke	Heike Dolphina Sandwitch
28	Inge Degenhardt	Anke, Cambra	Anke, Cambra
31	Anke Firlefanz	Cambra Skadé	Cambra Skadé
32, 33	Irmgard Redling	Anke, Cambra, Inge	Anke, Cambra, Inge
34 – 39	Bilder von Cambra Skadé unter Verwendung von Fotos von Anke Firlefanz		
40	Anke Firlefanz	Anke	Lee Brooks
42	Anke Firlefanz	Anke	Anna
43	Heike Dolphina Sandwitch	Anke	Nashi, Anna
44, 45	Anke Firlefanz	Anke	Lee Brooks
46, 47	Heike Dolphina Sandwitch	Anke	Nashi, Anna
48 – 54	Anke Firlefanz, Tiora Kaiser	Anke, Tiora	Tino
56, 57	Peter Schreiner	Anke	Ira
58, 59	Peter Schreiner	Anke	Ira
60, 61	Peter Schreiner	Anke	Anke
63	Anke Firlefanz	Anke	Gabriela
64 – 68	Peter Schreiner	Anke	Anke
72, 73	Pieter van Veldhoven	Anke	Anke
76, 77	Peter Schreiner	Anke, Tiora	Tiora
78, 79	Peter Schreiner	Anke, Tiora	Anke, Tiora
80, 81	Peter Schreiner	Anke, Tiora	Tiora
81 klein	Heike Dolphina Sandwitch	Andrea, Anke	Andrea, Anke
84, 85	Peter Okroy	Anke	Anke
85	Peter Schreiner	Anke, Tiora	Tiora
88, 89	Anke Firlefanz	Anke	Roger
92, 93	Peter Schreiner	Anke, Tiora	Tiora
94	Anke Firlefanz	Anke	Ulla
94, 95	Peter Schreiner	Anke	Anke
96, 97	Peter Schreiner	Anke, Tiora	Tiora
klein	Anke Firlefanz	Anke	Andrea
klein	Anke Firlefanz	Anke	Gabriele
klein	Anke Firlefanz	Anke	Christiane
98	Peter Schreiner	Anke	Anke
	Barbara Ehlert	Anke	Anke
	Tiora Kaiser	Tiora	Richard Röser
	Anke Firlefanz	Anke	Schmied von Beilstein
99	Anke Firlefanz	Anke	Tiora
	Angelika Ehlert	Anke	Anke
	Anke Firlefanz	Tiora	Tiora, Gabriele
100, 101	Peter Schreiner	Anke	Ira
102, 103	Peter Schreiner	Anke, Tiora	Ira
104, 105	Peter Schreiner	Tiora	Anke
106, 107	Anke Firlefanz	Joey	Joey Krem, Conny
108 – 111	Anke Firlefanz	Anke	Nashi, Yvette
112, 113	Anke Firlefanz	Anke	Anna
115	Peter Steinacker	Anke	Anke
116, 117	Pieter van Veldhoven	Anke	Anke
116 klein	Peter Steinacker	Anke	Anke
118, 119	Anke Firlefanz	Anke	Dominique
120 – 127	Anke Firlefanz	Anke, Marion, Else	Marion, Else
128, 129	Ursula Leicht	Kurs Walpurgis 94	Kurs Walpurgis 94
130, 131	Anke Firlefanz	Anke	???
132, 133	Anke Firlefanz	Frauengruppe	Frauengruppe
134	Anke Firlefanz	Anke	???
135	Anke Firlefanz	Anke	Roger
136, 137	Anke Firlefanz	Anke	Grant
138, 139	Anke Firlefanz	Anke	Anke, Nashi
140, 141	Anke Firlefanz	Anke	Grant u.a.
144 – 147	Anke Firlefanz	Anke	Angie, Anke, Katharina, Katrin, Margit u.a.
148 – 151	Anke Firlefanz	Anke	viele viele gutgelaunte Kinder
152 – 157	Anke Firlefanz, Ninon Riedel	Anke, Tiora	Anke, Joey, Tiora, Tom, Babsi
158	Anke Firlefanz	Anke	Mario
159	Anke Firlefanz	Anke	Klaus

Bezugsquellen

für Körperfarben und
Professionelle Schminkmittel:

- Anke Rammé Firlefanz,
  Landsbergerstr. 3, D-86987 Schwabsoien,
  Anke.Firlefanz@t-online.de
  www.ankesbodyart.de

- ARUN-Verlag,
  verlag der traditionen und kulturen,
  Mühle im Hexengrund, D-07407 Engerda,
  Tel.: 036743-23311, Fax: 036743-23317,
  info@arun-verlag.de,
  www.arun-verlag.de.

- Eulenspiegel - ProfiSchminkfarben GmbH,
  Obergasse 7, D-65589 Hadamar,
  Tel.: 06433-9144-0, Fax: 06433-914444,
  info@eulenspiegel.de,
  www.eulenspiegel.de.

- Kryolan GmbH,
  Papierstr.10, D- 13409 Berlin-Reinickendorf,
  Tel.: 030/499 892-50,
  info@kryolan.com,
  www.kryolan.de.

... und jetzt lebe auch du deinen traum ...